QUELQUES PAGES

D'HISTOIRE CONTEMPORAINE

QUELQUES PAGES

D'HISTOIRE

CONTEMPORAINE

LETTRES POLITIQUES

PAR

M. PREVOST-PARADOL

DEUXIÈME SÉRIE

PARIS

MICHEL LÉVY FRÈRES, LIBRAIRES ÉDITEURS

RUE VIVIENNE, 2 BIS, ET BOULEVARD DES ITALIENS, 15

A LA LIBRAIRIE NOUVELLE

——

1864

AVERTISSEMENT

Cette deuxième série des *Quelques pages
d'Histoire contemporaine* contient presque
toutes les lettres écrites au *Courrier du Dimanche* depuis le mois de septembre 1862
jusqu'à la suspension de deux mois prononcée contre ce journal à la fin du mois de
décembre 1863.

J'ai retranché de cette série de lettres toutes
celles qui traitaient exclusivement d'incidents passagers, et qui m'ont paru aujour-

d'hui sans intérêt pour le public, car c'est
la condition des journaux (ainsi que leur
nom l'indique), que d'être écrits pour le jour
même où on doit les lire, et que de cesser
de mériter d'être lus aussitôt que le soleil
qui les a vus naître est couché. Mais il est
arrivé souvent que certaines pages, écrites
pour les journaux, échappent à cette loi si
sévère, parce qu'elles contiennent des vérités bonnes en tout temps et utiles à redire,
et que ces vérités y sont présentées sous la
forme la plus propre à les répandre. Le
public a bien voulu penser que la première
série de ces *Lettres* rentrait dans l'exception
que je viens de faire et méritait de durer;
j'ose espérer que cette seconde série rencon-
trera chez lui la même attention et la même
indulgence.

Le lecteur remarquera peut-être une inno-
vation dans ce volume. La forme du *Dia-*

logue s'y mêle parfois à la forme épistolaire.

Il est certaines questions sur lesquelles le choc des idées et la vivacité des réparties (alors même que tout cela n'est qu'un jeu) produisent plus de lumière et laissent une impression plus profonde dans l'esprit que ne le ferait une exposition dogmatique et régulière. C'est ce qui est arrivé, en tout cas, pour deux *Dialogues* reproduits dans ce volume : le premier sur la polique du gouvernement français en Italie, le second sur le plan de campagne des orateurs du gouvernement pour la session de 1864. Aucune lettre n'aurait pu en dire autant en si peu de paroles, ni porter une pareille clarté sur les questions agitées dans ces courts entretiens.

Il est encore une autre différence entre ce volume et celui qui le précède. La première série de ces *Lettres* avait échappé à toute espèce de mésaventure et n'avait causé aucun dommage au journal qui avait bien voulu les publier. Cette nouvelle série, au contraire, a été le plus souvent lue avec déplaisir et traitée avec rigueur par les personnes chargées d'appliquer aux journaux cette législation actuelle de la presse, que M. de Persigny a si justement qualifiée d'arbitraire. En parcourant ces pages, qui eussent paru si innocentes sous les régimes antérieurs, le lecteur remarquera çà et là les traces de cette foudre, parfois capricieuse, dont les coups dangereux ou mortels sont aussi impossibles à éviter qu'à prévoir. Selon quelques poëtes, elle n'est pas seulement dans la main de Jupiter, et toute la cour céleste a le droit de la lancer :

... Jupiter atque alii fulgentia divi
Terrifico quatiunt sonitu cœlestia templa,
Et jaciunt ignes quo cuique est cunque voluptas.

Mais si la foudre vient des dieux, poursuit l'incrédule Lucrèce, pourquoi frappe-
t-elle l'innocent?

> ... Cur nullæ sibi turpis consciu' rei
> Volvitur in flammis innoxius, inque peditur,
> Turbine cœlesti subito conreptus et igni?

Certes, pour un homme qui respecte les
lois et qui voudrait répandre ce respect salutaire par son exemple, c'est une épreuve
morale, des plus sérieuses, que de se voir
accusé d'avoir franchi la limite d'une discussion légitime. Mais, lorsque de l'aveu même
du législateur, cette limite est indécise et
arbitraire, lorsqu'un juge unique et sans
appel est chargé de la fixer chaque jour, il
ne reste à celui qui est accusé de la sorte
qu'à consulter honnêtement sa conscience
et qu'à s'incliner devant son arrêt. Cet arrêt
m'est favorable, car je n'ai jamais eu que

l'intention loyale et pure de défendre en toute occurrence, dans la mesure de mes forces et en faisant appel aux seules lumières de la raison, la cause du bon sens et du bon droit.

... Nullæ mihi turpis consciu' rei.

Mars 1864.

PREVOST-PARADOL.

QUELQUES PAGES
D'HISTOIRE CONTEMPORAINE

— LETTRES POLITIQUES —

I

Simple Dialogue [1].

A. — Je viens causer un peu avec vous des affaires publiques.

B. — Veuillez fermer la porte et causons tout à notre aise.

A. — Je connais, mon cher monsieur B., votre

[1] Ce dialogue, resté inédit jusqu'à ce jour, a été écrit dans l'intervalle qui a séparé le traité de commerce et le décret du 24 novembre, c'est-à-dire dans le courant de l'année 1860. Il faut donc tenir compte en le lisant des changements survenus dans quelques parties de nos institutions.

parfaite bonne foi, et j'ai grande confiance dans vos lumières. Vous avez déjà raffermi mes doutes dans deux circonstances mémorables. Vous vous en souvenez bien : c'est d'abord au sujet de la dernière guerre, lorsqu'on a expliqué au peuple français qu'il y aurait eu imprudence à vouloir l'achever ; c'est ensuite à l'occasion du dernier traité de paix, lorsqu'on a déclaré à l'Autriche qu'il était vraiment impossible de l'exécuter. Vous m'avez donné de tout cela des raisons excellentes qui, depuis, je l'avoue, sont sorties de ma mémoire ; mais je me souviens qu'elles m'avaient complétement satisfait.

B. — Eh ! qui vous a troublé depuis ce temps-là, cher monsieur ?

A. — La lecture des journaux anglais et des débats du Parlement sur le traité de commerce.

B. — Cette lecture était vraiment bien superflue. N'avez-vous pas ici, en fait de journaux, de quoi vous satisfaire ? Et si les débats du Parlement anglais vous intéressent, ne sont-ils pas convenablement résumés dans les traductions de l'agence Havas ? Je ne lis pas l'anglais et je ne

tiens pas à le comprendre, mais on m'assure que
le texte même des discussions du Parlement est
d'une longueur insupportable, et qu'il est de plus
semé d'inconvenances qui ne nous apprennent
rien. Quant aux journaux anglais, sauf le *Morning Chronicle*, qu'on croirait vainement écrit à
Paris, ils disent brutalement tout ce qu'ils veulent, et l'on voit bien, à chaque ligne, qu'il leur
manque quelque chose.

A. — Quoi donc? des renseignements? des cor-
respondants? des écrivains?

B. — Nullement. — Quelqu'un qui leur fasse
peur, pour leur bien, et qui les forme à la discrétion et aux belles manières. Dites-moi! Avez-
vous jamais vu en tête du *Times* un avertissement?

A. — Non; j'en ai vainement cherché.

B. — Avez-vous jamais entendu dire qu'il fût
poursuivi pour fausses nouvelles, pour excitation
à ceci ou à cela, ou même pour quelque contra-
vention?

A. — Jamais.

B. — Avez-vous remarqué dans les colonnes

de ces journaux la trace de quelque avis salutaire? Disent-ils quelquefois : « Nous voudrions
pouvoir publier tel document; une juste réserve
nous défend d'insister? » ou encore : « Nous
croyons pouvoir affirmer qu'il fait chaud ; si nos
sens ne nous trompent, il fait froid ; il paraît
avoir plu cette nuit, mais nous ne saurions le
garantir? » Y rencontrez-vous, en un mot, toutes
ces formules excessives peut-être dans leur prudence, mais gracieuses encore dans leur modes-
tie, qui indiquent une éducation bien faite et
l'utile voisinage d'un bon conseiller [1].

A. — Je n'ai jamais rien lu de semblable dans
les journaux de nos voisins ; ils paraissent ignorer cette partie de la rhétorique.

B. — Étonnez-vous donc qu'ils flottent au gré
de leurs passions et s'abandonnent à la perversité
de leur nature. Aucun principe supérieur ne les
guide, aucune main ne les soutient ; contentez-
vous des nôtres.

A. — Je tâcherai, d'autant plus que les journaux anglais me font défaut quelquefois ; il fait si

[1]. Un conseiller d'État était alors directeur de la presse.

mauvais temps dans la Manche. Je ne crois pas qu'il y ait dans tout l'univers un bras de mer si agité [1]!

B. — Vous l'avez dit. D'ailleurs, la nature même voit ces journaux avec une certaine répugnance, et il n'est pas absolument sans exemple que le mauvais temps les ait arrêtés lorsqu'il a laissé passer tout le reste. La nature a de ces caprices; quelquefois, sur la frontière de Belgique, la violence du vent est telle qu'il emporte, non-seulement des journaux, mais de gros volumes, dont on n'entend plus jamais parler. Aussi Shakspeare a-t-il dit : « Il y a plus de choses dans la nature que dans toute votre philosophie. » Revenons au Parlement anglais. En quoi ses discussions ont-elles pu vous intéresser?

A. — J'y ai trouvé une certaine chaleur qui paraît manquer aux discussions du nôtre. Ces gens-là semblent investis du droit de s'occuper de tout, et il en est qui parlent avec une véritable éloquence.

---

[1] Les journaux étrangers étaient à cette époque arrêtés et retenus par l'administration plus fréquemment qu'aujourd'hui.

B. — Il ne faut point que ces vaines apparences vous abusent sur les vices de cette bruyante assemblée. Elle pèche d'abord par la base, car vous savez de quelle façon déplorable elle est élue?

A. — Je sais que la chambre des communes est élue par un très-grand nombre d'électeurs, avec un grand tumulte et au milieu d'un intérêt universel.

B. — Ce spectacle ne vous inspire-t-il pas quelque pitié? Que pensez-vous de cette multitude livrée à elle-même? Entre les divers candidats, le gouvernement ne daigne pas même lui désigner le plus digne, à plus forte raison ne voit-on point les murs couverts de proclamations officielles en sa faveur; on ne publie point ses mérites, au son du tambour, devant les églises; on ne signale point ses rivaux comme des ennemis de l'ordre, de la reine, de la société; on ne parle point de leur généalogie ou de leur mariage, on ne révèle point au public qu'ils personnifient tel ou tel fléau; on ne réunit point les juges, les maires, les prêtres, les cantonniers, les facteurs, les fossoyeurs, pour leur tracer leur devoir, pour leur indiquer ce qu'exige d'eux leur propre intérêt et le salut du pays. On ne voit point aux abords du lieu où l'on vote des personnes pleines de zèle et de lumière ou investies d'une certaine autorité pour protéger les électeurs contre l'erreur et le mensonge. Tout est abandonné à l'initiative individuelle, à l'anarchie des opinions, aux calculs de l'ambition, à l'ardeur des passions populaires. Et c'est de ce chaos que vous voyez sortir ces députés si peu semblables aux nôtres, audacieux dans leurs vues, intempérants dans leur langage, curieux ou amis de la curiosité, questionneurs infatigables, discoureurs interminables, véritables fléaux de leur pays, importuns même au delà de leurs frontières.

A. — On se plaint d'eux, en effet, beaucoup plus au dehors qu'au dedans de leur pays, et ce ne peut être sans quelque raison. N'est-il pas étrange qu'à Paris même on s'occupe beaucoup plus de ces députés-là que des nôtres? Leur humeur inquiète en est la cause.

B. — Ils sont d'autant plus remuants que leur docilité ne serait point récompensée et qu'ils ne gagneraient rien à rester tranquilles. Ils ne peuvent être adjoints par faveur à des corps plus considérés ou mieux rétribués que celui dont ils font partie, et comme le gouvernement n'a rien eu à faire dans leur élection, il ne peut en aucune façon les menacer de ne point les réélire[1]. Pourquoi donc seraient-ils sages et doux? Ils sont intéressés, au contraire, à faire grand tapage, puisqu'ils ont en face d'eux des ministres qu'ils peuvent interroger, blâmer, encourager, contenir et même renverser tout à leur aise pour prendre leur place, s'ils persuadent à tout le monde qu'ils peuvent mieux faire et si la Chambre y consent. De là un tumulte continuel et un conflit incessant d'opinions et de paroles. Lorsqu'un d'entre eux a parlé, il ne se passe pas dix minutes qu'un autre orateur ne vienne dire tout le contraire; et à quoi sert, je vous le demande, ce genre d'assemblées, si l'on perd le temps à s'y contredire, au

---

[1] On a vu, aux élections de 1863, un certain nombre de députés du gouvernement destitués de leur candidature officielle.

lieu d'y chercher, chacun, selon ses forces, de bonnes raisons à l'appui des projets de loi présentés par le gouvernement? Ce n'est pas tout, leurs discours sont livrés dans toute leur crudité à la curiosité publique. Personne n'a le devoir ou la charité de les relire pour les amender, pour les abréger, pour en corriger l'amertume et pour transformer le poison même en nourriture salutaire. Il leur manque ce sage ami dont parle Boileau, qui aide à polir et à repolir, qui ajoute quelquefois et le plus souvent efface. Aussi le compte rendu de leurs débats est-il à peine lisible pour un lecteur français habitué à plus de mesure et à plus de gravité[1].

A. — Vous devez avoir raison. Oserais-je pourtant vous avouer que je lis parfois avec plus d'intérêt ces longs discours que les harangues si correctes, mais un peu trop lacédémoniennes de nos représentants? Cela vient peut-être de ce que la constitution des Anglais accorde un peu plus de puissance à leur Parlement que n'en possède le

[1] On ne doit pas oublier qu'à cette époque le décret du 24 novembre n'était pas encore venu établir la publicité complète et régulière des séances législatives.

1.

nôtre. De là l'importance supérieure que j'attache involontairement et injustement, sans doute, aux paroles des députés anglais.

B. — Vous tombez dans une erreur bien commune en rabaissant outre mesure la puissance de nos assemblées. Ignorez-vous qu'au lieu d'être condamnée, par pure oisiveté, comme la chambre des lords à perdre son temps en vaines discussions sur les affaires de l'Europe, notre chambre haute est investie de la garde des libertés publiques ; il est vrai que la douceur des temps où nous vivons a rendu cette garde peu laborieuse ; mais cette chambre n'en veille pas moins, et si l'on tentait de toucher à la moindre de nos libertés, vous la verriez s'émouvoir. Quant à notre chambre basse, nul ne sait encore jusqu'où peut s'élever sa puissance, mais tout le monde sait jusqu'où elle descend. Ne voyez-vous pas, par exemple, qu'on met sans cesse à son ordre du jour des projets de loi d'intérêt local? Cela veut dire tout simplement qu'on ne peut guère en France détourner un ruisseau ou bâtir une étable à porcs sans la permission de cette redoutable assemblée.

A. — J'admire comme vous cette universelle autorité; mais dites-moi à peu près quelle part revient à chaque commune des frais de notre dernière guerre en Italie?

B. — Je l'ignore, mais ce serait un calcul bien facile.

A. — Pourquoi n'a-t-il pas dépendu de cette assemblée d'empêcher ou de permettre un acte qui entraînait de si grosses dépenses?

B. — Oubliez-vous qu'elle a voté par acclamation les hommes et l'argent nécessaires?

A. — Elle a bien fait; mais n'est-il pas regrettable qu'elle n'ait entendu parler de tout cela que le jour même où la guerre était déclarée et le drapeau de la France en route vers l'ennemi?

B. — Voulez-vous donc bouleverser nos institutions tout entières? Voulez-vous que nos ministres aillent, comme en Angleterre, raconter tous les jours à la Chambre où en sont les affaires du pays et déposer sur le bureau les correspondances des diplomates [1]? Auriez-vous du penchant pour ce genre de scandale?

[1] La publication des *Livres jaunes* et la discussion de l'Adresse

A. — A Dieu ne plaise! Je veux seulement vous faire remarquer qu'il y a une différence entre le pouvoir de régler les destinées des communes et le droit d'influer sur les destinées du pays. Je suis d'ailleurs de votre avis contre une influence qui pourrait nous faire glisser de nouveau vers le système parlementaire. Mais, de grâce, dites-moi, monsieur, si le traité de commerce n'est pas pour la France un grand événement politique et financier. J'ai regretté, malgré moi, de le voir discuter seulement dans le parlement d'Angleterre, qui pouvait le rejeter ou l'accepter, si bien que c'est avec lui, à vrai dire, qu'on a négocié, et qu'il décidait souverainement de l'abaissement ou du maintien de nos tarifs.

B. — Ignorez-vous donc que la constitution ne permet pas au parlement français de s'occuper des traités de commerce, et j'ai entendu les libre-échangistes les plus éclairés s'en féliciter; car on assure que la discussion de ce traité dans notre Chambre eût entraîné toutes sortes de lenteurs.

sont venues depuis lors diminuer sur ce point le contraste qui existait alors entre les usages anglais et les nôtres.

A. — Vous avez réponse à tout, et voilà, pour aujourd'hui, assez de politique. Vous êtes mon ami, et je puis vous importuner de mes chagrins de famille. J'ai éprouvé hier une contrariété très-vive. Ma femme m'a présenté nos comptes de l'année dernière, et j'ai été tout joyeux de l'entendre s'écrier que nos dépenses et notre revenu étaient en parfait équilibre. Mais jugez de ma surprise, lorsqu'en parcourant ses comptes je ne trouvai point mentionnés parmi nos dépenses les frais de notre dernier voyage en Italie. Je ne le lui eus pas plutôt fait remarquer, qu'elle s'écria avec candeur : « Mais vous savez bien que cela ne compte pas, puisque c'est de l'argent emprunté! » Où a-t-elle appris cette bizarre arithmétique?

B. — Cette façon de compter n'est pas si rare que vous croyez, et elle a du bon quelquefois; mais si elle ne vous convient pas, je vous conseille de tenir vous-même vos comptes. Et que devient, je vous prie, monsieur votre fils? C'était un aimable jeune homme.

A. — Hélas! vous touchez à mon affliction la

plus grande. Il était entouré de bons exemples et
nourri des plus sages conseils, et je ne puis comprendre quelle puissante influence a renversé en
lui les notions du bien et du mal. On dirait vraiment qu'un poison subtil est répandu dans l'air
qu'il respire. Il est devenu surtout un déterminé
menteur, et il faut prendre le contre-pied de tout
ce qu'il dit. Il a d'ailleurs, dans ce vilain défaut,
l'inconséquence naturelle à son âge. Tantôt il joue
la comédie avec moi et vante à tout propos sa
loyauté; tantôt il érige le mensonge en système
et prétend me prouver dogmatiquement qu'être
honnête homme est un moyen assuré de ne pas
réussir. Il se mêle aussi d'écrire, mais vous ne
devineriez jamais quel est son premier essai dans
les lettres. Il a composé pour son usage personnel une *Morale en action* retournée, dans laquelle
on montre, par mille exemples authentiques, que
le vice est plus avantageux que la vertu, et principalement que la justice et la vérité sont les mor-
telles ennemies du bonheur. Je vous prie de garder
pour vous ces cruelles confidences, et je compte
venir vous consulter sur les moyens de guérir ce

malheureux jeune homme. Je vous reverrai certainement dans huit jours.

B. — Vous avez une façon trop précise de parler, cher monsieur A ; il faut dire : j'espère, je
souhaite vous revoir dans huit jours; il est possible que je puisse vous revoir dans huit jours.

A. — Et pourquoi ces formules? Allons-nous
parler désormais comme des philosophes de Molière?

B. — Croyez-moi, ce monde est plein d'incertitudes et il ne faut s'y flatter de rien. Vous parlez
de huit jours. Mais savez-vous où vous serez
vous-même dans huit jours? D'ici là, la maison
même où nous causons peut s'écrouler sur nos
têtes[1].

A. — Vous avez raison en toutes choses. Au
revoir donc, s'il plaît à Dieu, cher monsieur B...

B. — S'il plaît à Dieu et aux hommes, cher
monsieur A.

[1] La suppression des journaux par décrets faisait alors, comme
aujourd'hui, partie de notre législation sur la presse.

II

Comment votre journal peut-il vivre encore? — Grandeur et misère
de notre destinée.

14 septembre 1862.

Monsieur,

Il était une fois un empereur romain (lequel?
je ne m'en souviens plus guère, mais c'était à
coup sûr un des plus redoutables) qui aimait à
courir la nuit, déguisé, dans les rues de Rome
pour y chercher aventure. Il fut une fois battu,
non pas tant qu'il méritait de l'être, mais assez
pour en garder bon souvenir. Le lendemain,
l'homme respectable qui avait commis le crime
de se défendre, vint au palais tout tremblant
s'accuser avec humilité et s'excuser sur son igno-

rance. « Quoi, lui fut-il répondu, tu as frappé César et tu vis encore ! » *Imperiosa brevitas !* comme a dit un jour M. Dupin. Le coupable confondu rentra aussitôt chez lui et s'exécuta lui-même, selon une louable coutume de ce temps-là, qui économisait singulièrement les frais de justice, et qui contribuait au prestige salutaire dont l'autorité doit toujours paraître entourée.

L'avouerai-je, monsieur le rédacteur, votre existence ne m'étonne guère moins que celle de ce pauvre homme n'étonnait son souverain maître. Vous êtes donc comme lui entêté à vivre au delà de toute croyance et de toute raison, bassement attaché à ce monde et décidé à n'en sortir que poussé hors de la vie par les épaules ? Vous n'avez, il est vrai, ni rencontré César, ni frappé un des siens, ni donné quelque sujet légitime de plainte au plus humble ou au moins précieux de ses serviteurs ; on n'en a pas moins souhaité que vous cessassiez de vivre ; on a même daigné vous faire entendre qu'on aurait votre mort pour agréable ; qu'on y serait sensible comme à un bon procédé de votre part ; et c'est dans ces cir-

constances que vous m'écrivez tranquillement
que vous vivez encore et qu'une lettre de moi
vous ferait grand plaisir !

En vérité, j'en crois à peine mes yeux; mais
si vous vivez, combien cette existence qui se
traîne sous le mauvais vouloir des dieux doit être
délicate et fragile! Qu'il doit être irrégulier, dé-
bile, toujours près de finir, ce souffle léger qui
soulève encore votre poitrine! Un quart d'heure
de conversation avec moi ne court-il point le
risque de l'éteindre? et si je touche seulement
du bout du doigt votre pauvre corps affaibli et
consumé par le mal envoyé d'en haut, n'allez-
vous point tomber en poussière? Essayons pourtant; vous le voulez, et je ne sais rien refuser
aux malades; j'aime à réchauffer de mon regard
des yeux pleins de langueur, à presser doucement une main transparente et amaigrie, à parler bas en m'inclinant vers une oreille délicate et
fatiguée, qui ne peut supporter qu'un affectueux
murmure. Écoutez-moi donc; je ne vous dirai
rien d'ailleurs qui ne soit conforme à votre situation présente, et mon humeur est d'accord

avec la modération de vos désirs et avec la tristesse de vos pensées.

Depuis le temps déjà éloigné où j'ai eu l'honneur de vous entretenir, j'ai un peu couru le
monde, je veux dire la France, qui, contraire-
ment à la mode actuelle, et par l'effet d'un vieux
préjugé dont la plupart de mes concitoyens ont
délivré leur esprit, m'intéresse plus que le reste
du monde. Or, tout ce que j'ai vu et entendu
dans mon cher pays n'a fait qu'augmenter mon
trouble et mon incertitude sur cette grande et
unique question qui, même malgré moi, m'occupe sans cesse : Serons-nous jamais un peuple
libre? jouirons-nous un jour à la fois de l'ordre
et de la liberté?

Quand je ferme les yeux et les oreilles pour
réfléchir à ce problème, ou lorsqu'il m'assiége,
pendant quelques heures d'insomnie, je ne trouve
que des raisons d'espérer. Je repasse notre glorieuse histoire, nos destinées si variées, nos
longues guerres civiles, aboutissant à l'unité la
plus forte qu'on ait jamais vue; nos longues
guerres avec l'étranger, souvent si désastreuses

et si folles, nous laissant, après tout, le territoire
le plus compacte, l'armée la plus redoutable, l'esprit militaire le plus invincible que le monde ait
connus depuis l'ancienne Rome; je revois enfin,
en esprit, quelques-uns de nos grands hommes,
je parle des meilleurs dans tous les genres : un
Descartes, un Corneille, un Molière, un Vauban,
un Montesquieu, et les plus honnêtes de ceux
qui, réunis en assemblée constituante, ont fait un
si noble effort pour élever à la liberté la France
et le monde, et les plus héroïques de ceux qui
sont morts pour l'accomplissement de ce bel ouvrage : Marceau, Hoche, et ce pur Desaix, heureusement enseveli dans le dernier triomphe de
la République ; et je me demande si tant de périlleuses extrémités ont été traversées par mon
pays, s'il a tenté et fait de si grandes choses, s'il
a été réchauffé par de tels génies, honoré par de
tels gens de bien, abreuvé d'un sang si pur, fé-
condé par de si nobles douleurs et par tant de
larmes généreuses, pour venir se briser miséra-
blement devant ce problème de l'ordre et de la
liberté que d'autres nations franchissent, pour

languir, s'énerver et se corrompre dans l'impuissance de le résoudre, pour devenir enfin, par de stériles convulsions ou par une lâche inertie, le scandale et la pitié de l'univers! Cette question même me fait sourire, tant notre passé me paraît suffisamment lui répondre, et je crois alors entendre ces glorieux Français, dont l'image me poursuit, me plaindre d'avoir pu nourrir un tel doute sur une telle patrie, ou me le reprocher comme une injure à leur mémoire.

Mais, lorsque je m'éveille et que je descends dans la rue, lorsque je me promène dans le tumulte de la ville ou dans les paisibles sentiers d'un village, lorsque je prends, par malheur, un journal, ou que je me laisse aller à répondre sur la politique aux questions de mes concitoyens, mes doutes renaissent plus profonds et plus vifs; ou plutôt ce n'est pas le doute, mais le découragement qui vient m'envahir, et je me demande par quelle voie inconnue, par quelle ouverture impossible à découvrir, par quel miracle, enfin, la liberté véritable peut pénétrer dans nos lois, dans nos affaires, dans nos mœurs, et jeter quel-

ques racines dans ce sol rébelle, qui semble fait
pour la rejeter ou pour l'étouffer. État des choses,
état des esprits, tout lui paraît hostile. Parlerai-je
de la presse? Mais l'histoire tragi-comique de
votre agonie n'en dit-elle point cent fois plus que
je n'en pourrais dire? Parlerai-je des élections?
J'ai lu, il n'y a pas deux jours, un jugement qui,
en dépit des lois de 1849, déclare que nos maires
sont couverts par le privilége de l'an VIII (salut
au passage, immortel et invincible ennemi de la
liberté française) en ce qui concerne les délits
électoraux, et à l'abri de toutes les poursuites
que le conseil d'État n'aura point jugées nécessaires. Et, d'ailleurs, comment parler d'élections
dans un pays où ce ne sont pas seulement les simples
citoyens, mais les communes et les départements,
qui ont tout à craindre et à espérer du pouvoir
central, quel qu'il soit ; où les communes implo-
rent à genoux des chemins, des églises et leur
part d'aumône dans les fonds communaux ; où la
voix suppliante des conseils généraux s'élève dès
leur première séance pour demander au gouvernement de faire passer chez eux le chemin de fer,

que le voisin, avec une voix non moins suppliante, veut attirer de son côté? Ah ! ne voyez point, de grâce, le moindre esprit de faction dans mes paroles ! Saint Louis, Henri IV, Titus, seraient sur le trône de France, que je n'en déclarerais pas moins mon sentiment sur l'effet déplorable de ces lois contradictoires (et dont le régime actuel peut se laver les mains, puisqu'il ne les a point enfantées), dont les unes prétendent faire du peuple français un peuple d'électeurs, et dont les autres semblent n'avoir rien négligé pour faire de lui un peuple de solliciteurs !

Faire jamais traverser à la liberté l'épais réseau de ces lois serait déjà difficile si l'intelligence de la liberté était répandue dans les esprits, si le désir en était né dans les cœurs. En sommes-nous là, au nom du ciel ! Et en dehors de quelques libéraux opiniâtres, si isolés et si rebutés que l'écho de leur propre voix les importune, qu'est devenu, je ne dis pas l'esprit français, mais ce bon sens moyen et cette aptitude à tout comprendre qui passaient pour les dons particuliers de ce

pays et qui lui avaient fait quelque réputation
dans ce monde? Savez-vous, à peu près, ce que
pensent vos contemporains (et je parle de gens
comme vous et moi, bacheliers ès lettres et même
davantage, ayant fait toutes leurs dents et toutes
leurs études); savez-vous, dis-je, ce qu'ils pensent
sur nos révolutions passées, sur notre avenir, sur
les causes de la chute de nos divers gouvernements,
sur les inconvénients des Chambres et des minis-
tères responsables, sur la liberté qu'il faut distinguer de la licence? etc... Savez-vous, enfin, quelle
histoire et quelle politique a pris la place de la vérité, de la justice et du bon sens, dans un nombre
infini de cervelles appartenant à ce qu'il faut
bien appeler, faute d'un autre mot, la classe
éclairée du pays? Si vous l'ignorez encore, voya-
gez, questionnez, écoutez, répondez, et vous aurez
bientôt rencontré, heurté et compté les trois ou
quatre grands et funestes sophismes qui se sont
solidement établis et fermement implantés dans
cette terre de France. Son territoire matériel est in-
tact, je le veux bien; mais elle est aussi profondément envahie et rongée par ces sophismes destruc-

teurs qu'elle l'était par les Anglais, lorsque Jeanne se sentit émue dans son village, ou par les armées du continent lorsque quinze départements restaient à la convention nationale. Et je ne vous parle ici que de ceux des hommes instruits qui se donnent la peine d'avoir une opinion et de raisonner ou de déraisonner sur nos misères. Que serait-ce donc si j'évoquais pour les compter ceux qui, tout à fait ingrats envers la France, qui leur a enseigné à lire et leur a donné une éducation libérale, se piquent avec un brutal et égoïste orgueil de ne vouloir rien entendre des affaires publiques, et de demeurer indifférents à tout ce qui n'est pas leur intérêt ou leur plaisir? Je veux écarter de mon esprit et du vôtre leur honteuse image. Ils me rappellent, malgré moi, ce pourceau qui, embarqué sur un navire, mangeait tranquillement pendant une violente tempête, et que je ne sais quel sage de l'antiquité montrait à ses compagnons d'infortune, afin de leur faire sentir que leur émotion venait après tout de leur intelligence et de leur rang dans le monde, leur arrachant ainsi, du milieu même de leur péril, une noble et pieuse pensée de gratitude envers la Providence.

Et moi aussi, monsieur le rédacteur, je suis heureux de ne point me sentir indifférent à ce qui nous entoure, et je ne connais pas de meilleure garantie de notre intégrité morale que ces vives émotions qui, de temps à autre, bon gré mal gré, nous font tressaillir. Mais je sens bien que la lassitude et le dégoût d'une lutte inégale, et jusqu'à ce jour si stérile, m'ont gagné, peut-être avant le temps, et lorsqu'on me convie à quelque combat de la presse, le son de cette trompette n'a plus, autant que naguère, le don de m'émouvoir. Je n'ai plus cette noble fièvre qui emporte sans cesse et sans repos notre cher M. Pelletan au combat, ni cette solidité attentive, consciencieuse et spirituelle, qui vous soutient sur la brèche avec tant de constance; je cède plus volontiers au charme des lettres, qui prennent tous les jours sur moi plus de puissance, et tandis que je ne puis m'empêcher de penser à la politique, j'ai grand'peine à ne point parler uniquement de littérature. C'est ma faiblesse et ma faiblesse croissante que de préférer La Bruyère, Montaigne, Lucrèce, aux documents officiels ou officieux de tous pays qui nous assiégent : proclamations, premiers-Paris, communiqués, arrêts judiciaires et le reste. Je trouve plus de vérité dans les fables de la Fontaine, plus d'honnêteté et de sérieux dans les comédies de Molière, plus de véritable décence dans Swift et dans Rabelais, plus de franchise, enfin, et plus de respect de la dignité humaine dans les immortels écrits de Machiavel. Et pourtant, puisque vous le voulez, je tâcherai de vous écrire, aussi longtemps du moins que vous vivrez, et j'attendrai, pour ne plus interrompre mes études préférées, que vous reposiez dans la tombe. Veuillez croire, d'ailleurs, que je fais les vœux les plus sincères pour voir votre vie dépasser toutes les limites raisonnables et tromper les conjectures, pour ne pas dire les efforts, des plus habiles médecins.

III

Conversation, interrompue par un chien, sur la politique suivie par le
gouvernement français dans la question italienne.

5 octobre 1862.

Monsieur,

Je ne crois pouvoir mieux faire que de vous
raconter une conversation à laquelle j'assistais le
25 septembre dernier, par une belle matinée
d'automne, dans un beau jardin, à quelques lieues
de Paris. Ce jardin était, à vrai dire, l'image de
la France, puisqu'on y parlait de la question romaine et qu'on cherchait à deviner quand et comment elle pourrait finir. A et B étaient naturellement d'avis contraire et appuyaient leur avis
d'assez bonnes raisons ; je les écoutais avec ce

goût décidé pour le silence que la question romaine a le don de m'inspirer :

A. — Comment pouvez-vous imaginer que le gouvernement français consente jamais à évacuer Rome et à laisser tomber la papauté?

B. — Pouvez-vous donc admettre qu'après avoir créé, de ses propres mains, l'Italie, il lui refuse éternellement sa capitale?

A. — Oubliez-vous que nous n'avons jamais eu de gouvernement aussi zélé pour la religion, aussi ardent à la servir, aussi attentif à l'honorer? Peu s'en faut qu'il ne passe pour avoir relevé les autels après la révolution de février; et rendons-lui justice, il l'aurait fait comme il le dit : il ne lui a manqué pour cela que de les trouver par terre.

B. — Mais ce même gouvernement n'est-il point le régénérateur des peuples, le propagateur du suffrage universel, et lorsqu'il va le consulter au fond du Mexique, à travers les plus cruels fléaux et les plus terribles dépenses, croyez-vous possible qu'il refuse longtemps d'écouter sa voix dans Rome?

A. — J'avoue que son respect pour le vœu populaire égale son zèle pour la religion ; et c'est un spectacle qui émeut que de voir sa conscience déchirée entre ces deux grands intérêts impossibles à réconcilier dans Rome. La destinée le soumet à une cruelle épreuve.

B.—La destinée n'a rien à voir en cette affaire ; cette épreuve, il est allé la chercher lui-même, et c'est ce qui fait ma confiance, car aucun gouvernement ne se serait jeté dans une telle impasse s'il n'avait le moyen et la résolution d'en sortir.

A. — Mais il ne s'y est point jeté le moins du monde. N'est-ce pas l'Autriche qui, méchamment et lorsque personne ne songeait à mal, a passé le Tessin ?

B. — Il m'est bien difficile de vous contredire, et j'aime mieux vous renvoyer à mes autorités que de parler en mon propre nom. Lisez donc le volume si curieux de M. de La Rive sur M. de Cavour et l'article si attachant de M. d'Haussonville dans la *Revue des Deux Mondes*. Vous y verrez, pages 410 et suivantes, que M. de Cavour ne fut guère surpris et encore moins désolé de voir éclater la guerre, qu'il n'avait jamais eu la pensée de la faire

tout seul, qu'il l'avait consciencieusement susci-
tée et rendue inévitable ; qu'il avait même eu lieu
de l'espérer dès l'année 1857, lorsqu'il écrivait à
M. Ratazzi : « Il faut se préparer secrètement,
faire l'emprunt de 30 millions, et au retour de
la Marmora, adresser à l'Autriche un *ultimatum*
qu'elle ne pourra accepter et commencer la
guerre [1], etc.. » qu'il s'était trompé cette fois, mais
que deux ans plus tard, il fut plus heureux, et laissa
entrevoir à son ami de Genève comme une chose
résolue : « la création d'un royaume d'Italie du Nord,
s'étendant jusqu'à l'Adriatique et comprenant les
duchés de Parme et Modène, la Toscane agrandie
de la portion des États-Pontificaux située au ver-
sant septentrional des Apennins, en retour de
Nice et de la Savoie cédées à la France [2]. » Sans
rien conclure de ces révélations si claires qui soit
désobligeant pour personne, laissez-moi la conso-
lation de penser que l'entreprise italienne étant
moins involontaire et moins imprévue qu'il ne
semble, ceux qui l'ont commencée si librement doi-

---

[1] *Récits et Souvenirs*, page 257.
[2] *Récits et Souvenirs*, page 384.

vent avoir quelque secret en réserve pour la finir.

A. — Je vous accorderai, si vous l'exigez, que cette affaire a été entreprise avec une ferme résolution et de vastes pensées, mais il est incontestable que tout cela a disparu en chemin; et si l'on veut raisonner juste, il faut prendre pour point de départ le jour mémorable où le gouvernement français a déclaré qu'il s'arrêtait tout court plutôt que « d'arborer franchement l'étendard de la révolution. » Et il a signé le traité de Zurich.

B.— C'est vrai, j'ai encore cette parole dans l'oreille et ce traité sur le cœur; mais n'a-t-il pas laissé presque aussitôt l'annexion des duchés s'accomplir et s'écrouler le trône de ces princes que le traité de Zurich avait garanti?

A.— C'est vrai, mais n'a-t-il point témoigné à tout l'univers son déplaisir d'un événement si difficile à prévoir, et n'a-t-il pas envoyé en toute hâte un musicien, accompagné d'un diplomate[1], pour calmer les peuples comme Orphée, et les ramener vers leurs princes légitimes?

[1] MM. de Poniatowski et de Reiset.

B. — J'en conviens ; mais n'en a-t-il pas moins laissé ces princes par terre, et n'a-t-il pas vu peu après le roi de Naples tomber sur leurs têtes?

A. — N'a-t-il pas envoyé une escadre assister avec sympathie à la chute de ce prince?

B. — Ne l'a-t-il pas retirée?

A. — N'a-t-il pas attendu le dernier moment pour la retirer?

B. — Qu'importe! Mais j'ai un indice plus clair encore que la chute du roi de Naples, de l'inclination définitive du gouvernement français en faveur de l'unité italienne. C'est l'invasion des Marches et de l'Ombrie, contemplée l'arme au bras par nos troupes. Une telle tolérance n'est-elle pas la preuve et le gage d'une résolution suprême? Quel argument peut-on invoquer pour livrer ce territoire au Piémont, qui ne soit valable pour lui livrer Rome? Et si l'on a un seul argument pour garder Rome, en manquait-on pour défendre ce territoire ?

A. — Vous ne pouvez pas avoir ignoré que cette inaction de nos troupes était le résultat d'une fatale erreur ; que le général Cialdini était allé à

Chambéry demander au gouvernement français la permission d'entrer sur le territoire romain pour fermer à Garibaldi le chemin de Rome ; que cette permission a été obtenue de la bonne foi toujours excessive du gouvernement français ; que ce qui s'en est suivi a confondu le gouvernement français de surprise ; que M. Thouvenel enfin, dans une dépêche célèbre a signalé cette fourberie à l'indignation de l'univers. Vous oubliez de plus le rappel immédiat de notre ambassadeur.

B. — Vous paraissez encore ignorer son retour. En outre, cette reconnaissance du royaume italien obtenue à grand'peine de la Prusse et de la Russie par les efforts de la France est-elle à vos yeux un signe de mécontentement ou de rancune?

A. — Je n'oserais le prétendre ; mais le gouvernement français n'a-t-il point saisi cette occasion de se laver encore une fois les mains de l'existence du nouveau royaume et d'affirmer que la fédération lui convenait bien davantage?

B. — S'il ne s'agit que de paroles, je trouverai dans les discours des ministres préposés à l'éloquence et dans les documents officiels cent passages à l'appui de mon opinion.

A. — Et moi cent-cinquante à l'appui de la mienne.

B. — Vous souvient-il du beau mouvement de M. Billault déclarant que la France ne pourrait jamais se résoudre à imposer par la force un gouvernement à des populations mécontentes?

A.—Il s'agissait uniquement dans ce passage des Marches et de l'Ombrie, dont il fallait bien justifier l'abandon par ce principe; mais je vous citerai sur Rome, qu'on veut garder, des maximes contraires et bien plus éloquentes sur le respect des traités et sur l'indépendance du saint-siége, nécessaire à toutes les nations chrétiennes. C'est dans ces passages-là que se trouve la pensée véritable du gouvernement français ; les autres passages sont des moyens oratoires, des concessions faites aux circonstances.

B.—Et moi, je soutiens que ce sont les passages relatifs à la papauté, qui sont des sacrifices faits au besoin de la discussion, et qu'il faut chercher la vraie pensée du gouvernement dans les autres.

A. — Il faudrait, pour en être sûr, avoir assisté à ces brillants débats; nous aurions bien vu alors si l'orateur du gouvernement avait l'air plus convaincu en prononçant les paroles qui vous flattent qu'en proclamant les sentiments dont je m'autorise.

B. — Pourquoi vous perdre dans des documents d'une importance secondaire? Vous souvenez-vous d'une lettre jadis écrite par le gouvernement français à M. Edgar Ney?

A. — Avez-vous perdu toute mémoire d'une allocution adressée par le gouvernement français aux paysans de la Bretagne? Mais laissons de côté ces vieux souvenirs et parlons des intentions présentes. J'ai pitié de votre incertitude, et je suis sûr de votre discrétion, aussi bien que de la discrétion de monsieur, qui se tait toujours et qui a l'air de faire fi de nos querelles. Je vous ferai donc une confidence qui ne vous laissera aucun espoir, mais qui mettra, du moins, un terme à vos doutes. Je connais le neveu d'un ancien garçon de bureau de M. de la Guéronnière...

B. — Quoi ce journaliste libéral qui est aujourd'hui tout en feu!...

A. — Lui-même, mais je vous parle du temps où il était chargé de lire les journaux pour M. le ministre de l'intérieur. Eh bien, ce garçon de bureau a dit à son neveu, qui a bien voulu me le répéter, que *la France*...

B. — Je vous entends et je vous remercie, mais je ne puis m'empêcher de vous plaindre. Ecoutez-moi donc, et sachez que c'est vous qu'on trompe; confidence pour confidence, j'ai vu hier encore un démocrate qui a conservé des relations avec M. Paulin Limayrac, et je sais que *le Constitutionnel*...

La conversation en était là, lorsqu'on apporta *le Moniteur* qui arrivait à l'instant de Paris.

A. le déplia avec anxiété, le parcourut avec une sorte de ravissement, et le tendit bientôt à son interlocuteur : Je sais qu'il faut être modeste, dit-il, mais je ne puis vous cacher que l'oracle a parlé et m'a donné raison. Lisez ceci, vous m'en direz des nouvelles.

B. lut à son tour les pages fatidiques, puis m'offrit le journal que je laissai de côté, aimant mieux écouter que lire, et certain d'ailleurs qu'ils allaient m'apprendre en discutant tout ce qu'il m'importait de savoir.

A. — Vous ne paraissez pas aussi déconcerté
qu'il vous conviendrait de l'être. Que dites-vous
de la lettre de l'empereur?

B. — Que dites-vous de la dépêche de M. Thouvenel et du procès-verbal qui la suit ?

A. — Je vois où vous en voulez venir ; mais vous
connaisez bien mal la constitution si vous attachez tant d'importance au style d'un ministre ou
au ton d'un ambassadeur. Tenons-nous-en à la
parole souveraine. Que dit la lettre? Que le gouvernement français entend, bon gré mal gré, réconcilier le pape et l'Italie; que cela doit se faire
tôt ou tard, et qu'on attendra, s'il faut attendre,
jusqu'à ce que la lumière divine de la vérité ait
pénétré les esprits. N'y a-t-il point *lumière divine*
et croyez vous qu'on puisse jamais céder lorsqu'on
est sûr à ce point d'avoir raison? Il est vrai que
le plan qui suit ne me contente pas tout à fait, et
que je ne crois guère praticable l'arrangement
qu'on propose. J'aimerais mieux qu'on rendît ses
États au pape que de le voir poliment engagé

à se contenter de ce qui lui reste, avec liberté entière, il est vrai (et expressément réservée), de maugréer et de protester autant que sa dignité l'exigera. Je ne comprends pas bien non plus comment il restera maître chez lui en laissant les provinces et les villes s'administrer *pour ainsi dire* elles-mêmes ; et je connais plus d'un souverain qui, pour son propre compte, n'appellerait pas *être maître chez lui* cette façon sublime et éthérée de gouverner. J'avoue encore que l'exhortation faite au pape « d'abaisser les barrières qui séparent aujourd'hui ses États du reste d'Italie, » ne me laisse pas sans inquiétude ; et cette invitation à enlever la grille et à combler le fossé, quand on jouit d'un voisin si peu scrupuleux, me donne fort à réfléchir. Vous voyez que je suis sincère ; mais si cette lettre ne me satisfait pas entièrement, pour vous, elle vous accable. Elle vous ferme décidément le chemin de Rome ; elle déclare que le maintien du pape à Rome est le but constant de la politique française : je ne demande rien de plus, le temps fera le reste.

B.—Avez-vous donc des yeux pour ne point voir?

N'y a-t-il pas un plan au bout de cette lettre, ce plan que vous-même jugez impractiable et qui ne me satisfait pas davantage? Ce plan n'a-t-il pas été proposé au saint-siége? Ne l'a-t-il pas formellement écarté pour cette fois et pour toujours? N'a-t-on pas pris le soin de vous le dire? M. Lavalette ne raconte-t-il pas sa déconvenue à toute la France? N'a-t-il pas réussi à obtenir un refus si formel, qu'insister serait ridicule? Or, quelle est la conséquence inévitable de ce refus? Elle est écrite tout au long dans la conclusion de la dépêche de M. Thouvenel : « Vous aurez à laisser pressentir, si l'on vous oppose aussi catégoriquement que par le passé la théorie de l'immobilité, que le gouvernement de l'empereur ne saurait y conformer sa conduite, et que, s'il acquérait malheureusement la certitude que ses efforts pour décider le saint-père à accepter une transaction fussent devenus désormais inutiles, il lui faudrait, tout en sauvegardant autant que possible les intérêts qu'il a jusqu'ici couverts de sa sollicitude, *aviser à sortir* lui-même d'une situation qui, en se prolongeant au delà d'un certain terme, fausserait sa politique et ne servirait qu'à jeter les esprits dans un plus grand désordre. » La phrase n'est pas courte, mais elle me ravit, encore qu'un peu traînante. On n'écrit pas de la sorte pour étonner les gens en restant immobile ensuite; *aviser à sortir* veut dire *penser à s'en aller* dans toutes les langues de la terre. Enfin c'est un *ultimatum*.

A. — Je n'en disconviens pas; cela ressemble à un *ultimatum* à faire trembler; cependant la lettre, dont vous tenez trop peu de compte, a eu soin de dire que ce qui allait suivre n'était pas un *ulimatum*, mais une *base*. Laissez-moi donc appeler cela une *base* et vivre en paix.

B. — Je ne vous dispute pas la lettre, mais je triomphe dans les dépêches; or, il n'y a que deux colonnes du *Moniteur* à l'appui de vos convictions et j'en compte quatre en faveur de mes espérances. *Le Moniteur* est pour moi.

A. — C'est la qualité de l'orateur, et non pas la quantité des mots qui décide. D'ailleurs, je veux faire invasion sur votre territoire et prendre mon bien partout où je le trouve. Il y a une phrase pour moi dans la dépêche de M. Thouvenel, pas si

longue que la vôtre, je l'avoue (il s'en faut de huit
lignes), mais d'un accent si ferme et si fier qu'elle
me relève le cœur. « Jamais (pesez ce *jamais*, je
vous prie), jamais, je le proclame hautement (*proclame hautement!* vous entendez, je pense), le
gouvernement de l'empereur n'a prononcé une parole (pas une seule, entendez-vous?) de nature à
laisser espérer (pas même une espérance! mais
rien n'égale la présomption de ces gens-là) de
nature à laisser espérer au cabinet de Turin que
la capitale de la catholicité pût en même temps
devenir, du consentement de la France, la capitale du grand royaume qui s'est formé au delà des
Alpes. » Voilà qui est clair, je pense, et le passé
me répond de l'avenir.

B. — En vérité, je vous admire, vous insistez sur
des vétilles et les mots importants vous échappent.
Vous êtes de l'ancien régime par votre façon naïve
de lire les documents diplomatiques, vous paraissez ignorer que le sens de chaque expression a
doublé de valeur comme le taux des loyers depuis
dix ans. N'avez-vous pas glissé négligemment sur
ces mots : *du consentement de la France.*

A.—Nullement ; ils m'ont fait grand plaisir ; cela signifie que la France n'a jamais entendu consentir à laisser Rome devenir la capitale de l'Italie.

B. — D'accord ; mais dites-moi, je vous prie, le gouvernement français a-t-il consenti à l'annexion des duchés ?

A.—Vous lui faites injure ; il n'a pas consenti à cette annexion, si ouvertement contraire au traité de Zurich.

B. — Et à l'annexion de Naples ?

A. — Pas davantage ; le roi de Naples est parti tout chargé des sympathies et des regrets de notre gouvernement.

B. — Et l'annexion des Marches et de l'Ombrie s'est-elle opérée du consentement du gouvernement français ?

A. — Quelle question ! Je vous rappelais tout à l'heure nos protestations et le rappel de notre ambassadeur.

B. — Eh bien, non-seulement toutes ces annexions sont définitives et reconnues, grâce à nous, par les trois quarts de l'Europe ; mais celle des Marches et de l'Ombrie, qui nous a, dit-on, le plus vivement blessés, est déclarée dans *le Moniteur* même à jamais irrévocable. Je vous accorde donc volontiers que Rome ne deviendra pas, du consentement de la France, capitale de l'Italie ; mais si vous en concluez pour cela que l'Italie n'aura pas Rome pour capitale, je vous oppose, comme vous le voyez, des exemples assez récents et assez illustres pour ébranler votre certitude. Pour moi, je l'avoue, ces mots : *jamais du consentement de la France*, m'ont fait battre le cœur d'allégresse; ils m'ont rempli d'espoir. J'ai reconnu là le train ordinaire des affaires du monde, et, pour tout dire, le procédé accoutumé de la nature. Que d'affaires se terminent au mieux sans consentement formel et qui, peut-être, iraient moins bien si un *oui* brutal en avait précipité le cours ! Ne sont-ce pas ces mêmes mots : *non... jamais... je ne veux pas...* qui, murmurés d'une voix de plus en plus faible, servent de prélude aux plus complètes victoires ?

A. — Vous êtes inconvenant et vous manquez tout à fait de religion.

B. — Vous êtes crédule et vous manquez absolument d'expérience. Mais pourquoi monsieur veut-il bien sourire? Aurions-nous fini par l'intéresser à notre querelle? — C'est à moi que s'adressaient ces derniers mots, et je ne pus éviter de répondre:

— Je souris en songeant qu'à ce moment même, des conversations semblables à la vôtre, s'échangent sur tous les points de la France, et que tout un peuple qui passe pour spirituel se frotte les yeux pour tâcher de distinguer quelque lueur dans le brouillard qui l'entourne. Puis, je pense malgré moi à autre chose qui me donne moins envie de rire.

A. — A quoi donc?

— A une autre question, plus grande, plus surprenante, plus pressante que la question romaine, qui est engagée dans chacune de vos paroles, et que, pourtant, vous semblez ne pas voir.

B. — Laquelle?

— Dites-moi, avez-vous fait autre chose que de chercher tous deux à découvrir, en luttant de finesse, quelle est la volonté vraie, le but définitif et la conduite future du gouvernement dans les affaires romaines?

A. — Certainement. Qu'y a-t-il là d'extraordinaire, et de quoi voulez-vous que l'on cause?

— Mais vos propres désirs, votre propre opinion sur la question, l'opinion de vos amis, de
vos voisins, la volonté du public enfin, quelle
qu'elle soit, les moyens de l'entrevoir et de la
faire triompher, avez-vous dit un seul mot de
tout cela?

B. — Quelle chicane puérile! Nous avons donné à
la volonté du public plus de place encore dans nos
discours qu'elle n'en peut avoir dans les affaires.

A. — C'est juste; si nous n'avions pas l'instinct
que l'affaire est dans les mains du gouvernement
et non dans les nôtres, nous ne serions pas là à
suer sang et eau pour deviner ce qu'il veut. Qu'y
pouvez-vous faire? Avez-vous le moyen de changer rien à cela?

— En aucune façon; mais vous ne m'empêcherez pas de penser sans cesse à cette situation singulière, de la trouver plus intéressante que celle
du pape et de l'Italie, de l'avoir constamment devant les yeux, d'y rêver jour et nuit et de traiter
un peu en importuns les hommes ou les objets

qui m'en détournent. Vous ne m'empêcherez pas enfin d'être étonné que des Français intelligents, cultivés, nourris de nobles préceptes et de grands souvenirs, puissent avoir un tel sujet de méditation devant les yeux et laisser leur pensée s'égarer ailleurs.

En ce moment le chien de la maison s'approcha de nous et s'assit docilement par terre. Il ne remuait guère que la queue, mais son regard était ardemment fixé sur celui de son maître ; comme il l'épiait, comme il cherchait à deviner le moindre éclair de sa pensée, le moindre mouvement de son désir ! allait-il s'élancer à droite, allait-il se précipiter à gauche ? Lui jetterait-on cette boule de papier de ce côté, ou ce caillou de cet autre ? Voilà ce que disait le regard attentif du charmant animal aussi clairement que s'il eût parlé. La nature me plaît toujours et je l'admirais malgré moi.

— Tenez... commençai-je à dire...

B. — Allons déjeuner ; il va nous dire quelque impertinence.

A. — Vous avez raison, allons déjeuner.

Ainsi se termina cet entretien.

IV

De l'utilité des poursuites contre les fonctionnaires publics, pour assurer la sincérité des élections.

28 octobre 1862.

Monsieur,

Vous vous rappelez peut-être les tristes prédictions dont ma première lettre était remplie ; je vous représentais (autant qu'il peut m'en souvenir) combien il était imprudent de m'appeler auprès de vous dans la situation délicate où vous avait placé la fortune. Vous m'en avez tenu compte, et vous voyez ce qui s'en est suivi [1]. Je serais bien

---

[1] La conversation qui précède avait été frappée d'un *avertissement* par M. de Persigny, alors ministre de l'intérieur ; mais, en même temps, une autorisation ministérielle, qui devait régulariser la situation du journal, lui avait été accordée.

tenté d'en triompher et de vanter ma prévoyance,
si je n'avais rencontré tout à l'heure cette phrase
dans un des romans [1] les plus touchants que nous
ait encore envoyés l'Angleterre : « *Dearly beloved
of an old maid is : I told you so*; c'est par *je vous
l'avais bien dit* que commence toujours le sermon
des vieilles filles. » Je ne veux point passer pour
une vieille fille et je ne dirai rien. Que dire, d'ailleurs, qui soit à propos dans ces revirements su-
bits, dans ces changements inattendus, qui vous
font brusquement passer de la crainte à l'espérance, du seuil de la mort à la lumière de la vie?
Vous avez été presque en même temps averti et
autorisé; le coup de tonnerre qui devait vous
anéantir a été suivi d'une ondée vivifiante, et je
vous vois aujourd'hui plus prospère et plus vigou-
reux que jamais. La grande reine Élisabeth disait
que le monde avait cela de beau qu'il changeait
toujours ; elle avait raison, et l'on ne peut s'empêcher de trouver quelque charme dans ces émotions variées dont se compose aujourd'hui la vie

---

[1] *Hopes and fears*, de miss Yonge, l'auteur de l'*Héritier de
Redclyffe* et de *Heartsease*.

de la presse française. Combien est pâle et monotone, à côté de cette agitation continuelle,
l'existence de ces journaux anglais qui n'ont affaire qu'au jury et au public !

Il ne faut point cependant s'exposer à rendre
ces émotions trop fréquentes, et je veux éviter
aujourd'hui, au risque de n'intéresser aucun de
vos lecteurs, l'ombre même d'un péril. Je vous
parlerai donc uniquement d'une question de droit
électoral que j'ai maintes fois soulevée, mais qui
ne saurait être ramenée, trop souvent sous les
yeux du public, et dont un procès récent m'a rappelé l'importance. Vous avez publié vous-même,
dans votre numéro du 19 octobre, un décret
rendu en Conseil d'État, qui rejette la requête de
M. de Montlaur, contestant la validité d'une élection d'arrondissement dans le canton de Mer.
M. de Montlaur s'appuyait, pour réclamer l'annu
lation de cette élection, sur plusieurs faits, dont
les uns ont été reconnus constants, et les autres
laissés indécis par les considérants du décret. Le
Conseil d'État a laissé dans le doute la question de
savoir si le garde champêtre de Mer avait ou non

déchiré les bulletins de plusieurs électeurs pour substituer le nom du candidat du gouvernement au nom de M. de Montlaur ; si le commissaire de police du canton de Mer avait ou non parcouru le canton en menaçant de révocation les fonctionnaires qui manqueraient de zèle dans la lutte électorale, et si la destitution du garde champêtre de Suèvres n'a pas été l'accomplissement de cette menace ; mais le Conseil d'Etat n'a pu révoquer en doute l'existence d'une circulaire de l'inspecteur des postes du département de Loir-et-Cher, intimant aux fonctionnaires l'ordre de voter et de faire voter pour le gouvernement, et avertissant ceux qui s'y refuseraient *de toutes les conséquences de leur opposition*. Bien plus, le Conseil d'État a laissé échapper dans ses considérants cette expression importante : *les termes menaçants de cette circulaire*. Vous savez comme moi, monsieur, la conclusion du Conseil d'État dans cette affaire. Il fait, selon l'usage invariable en pareille matière, le compte des voix obtenues par chaque concurrent, il déduit de la majorité les voix que la minorité pourrait, à la rigueur, avoir perdues, par suite des manœuvres qu'on lui signale, et il déclare que l'élection est valide, puisque le déplacement même de ces voix contestées ne pourrait avoir aucune influence sur le résultat de l'élection.

Telle est la façon de procéder du Conseil d'État dans ces sortes d'affaires; la Chambre agit de même, et, bien qu'on soit souvent tenté de s'en plaindre, il faut convenir que l'adoption d'un autre principe, en pareille matière, pourrait conduire à une impasse. N'oublions pas que le Conseil d'État, comme la Chambre, n'est saisi que d'une seule question : celle de savoir si l'élection est ou non valide. Or, si une élection devait être déclarée nulle par cela seul qu'elle a été entachée à un degré quelconque de fraude ou de violence, rien ne serait plus aisé au pouvoir ou aux partis que de glisser dans l'élection inévitable d'un adversaire quelque cause certaine de nullité. Quand il ne s'agit donc que de la validité d'une élection, il est juste et nécessaire de tenir compte du résultat de la lutte, et d'examiner jusqu'à quel point la fraude ou la violence ont pu l'altérer.

Mais en dehors de la validité ou de l'annulation

d'une opération électorale entachée de fraude ou
de violence, il y a autre chose à considérer : c'est
la responsabilité des fonctionnaires qu'on accuse.
En d'autres termes, à côté du Conseil d'État ou de
la Chambre, auxquels on défère la validité de l'é-
lection, il y a la justice, qu'on doit invoquer contre
les coupables, et qui ne peut, bon gré mal gré,
rester sourde aux plaintes des citoyens. On semble
toujours oublier, en matière d'élection, qu'il existe
une loi accompagnée de dispositions répressives,
en un mot, qu'il y a des délits et des peines,
peines que la loi a pris le soin de doubler lorsque
le coupable est fonctionnaire public. N'en doutez
pas, monsieur le rédacteur, et puisse chaque citoyen en être convaincu comme vous, ce n'est pas
la demande en annulation d'élection, c'est la poursuite, ou, si l'on veut, la demande en autorisation
de poursuites, qui est le véritable chemin de la liberté électorale. Elle est au bout de cette voie;
c'est par là qu'il la faut atteindre, et quiconque la
cherche ailleurs, perd son temps, son argent et sa
peine.

Ceux qui n'aiment point l'indépendance en matière d'élection le sentent si bien que c'est de ce côté qu'ils élèvent remparts sur remparts ; c'est le point faible de la place, et ils ne négligent rien pour le rendre inabordable. La loi électorale de 1848 avait expressément et sagement suspendu, en matière de poursuite électorale, le privilége des fonctionnaires de ne pouvoir être poursuivis sans l'autorisation préalable du Conseil d'État ; ils étaient donc exposés par cette loi sans intermédiaire à la plainte de tout citoyen lésé par eux dans le premier de ses droits. J'ai beau relire la loi électorale aujourd'hui en vigueur, je n'y trouve nulle part l'annulation de cette disposition si libérale et si prévoyante. On a décidé cependant qu'elle n'existait plus, parce qu'elle était en désaccord avec l'esprit général de nos institutions, et, comme dans les combats d'Homère, où les dieux interviennent, plus d'un plaignant a vu l'égide du Conseil d'État rendre tout à coup insaisissable et invisible le fonctionnaire qu'on menaçait de la justice du pays. Soit, subissons cette jurisprudence ; elle rend l'exercice de ce droit précieux plus difficile sans pourtant l'anéantir, et le jour où la demande en autorisation de poursuites aura remplacé dans nos usages électoraux la demande en annulation des opérations électorales, nous aurons fait un grand pas vers la liberté et la sincérité du scrutin.

La loi est, en effet, claire et précise. J'ose dire, monsieur le rédacteur, qu'il n'est pas un des actes dont on se plaint d'ordinaire dans les élections qui ne tombe expressément sous le coup de cette loi, et qui n'appelle sur son auteur une peine suffisante pour décourager l'imitation. Supposons, par exemple, qu'au lieu de poursuivre le fantôme de l'annulation de l'élection du canton de Mer, M. de Montlaur, ayant la circulaire de l'inspecteur des postes à la main, eût demandé au Conseil d'État l'autorisation de citer en justice ce fonctionnaire trop zélé. Le Conseil d'État aurait-il pu juger autrement qu'il ne l'a fait cette circulaire? Il l'a caractérisée de *menaçante*, et ce n'est pas trop dire. Or, voici le texte de la loi : « Ceux qui, par voie de fait, violences ou *menaces contre un électeur, soit en lui faisant craindre de perdre son emploi, ou d'exposer à un dommage sa personne, sa famille ou sa fortune*, l'aurait déterminé à s'abstenir de voter ou aurait influencé son vote, serait puni d'un emprisonnement d'un mois à un an, et d'une amende de 100 à 1,000 francs... » Et que dit, monsieur, la fin de cet article 39 de notre loi électorale ? Dit-elle, comme on semble le croire dans toute l'étendue de l'empire français, que cette disposition ne s'applique pas aux préfets qui menacent les maires, aux maires qui menacent les gardes champêtres, aux inspecteurs des postes qui menacent les facteurs, à tous les fonctionnaires, enfin, menacés par leurs supérieurs et menaçant leurs subordonnés ? Nullement, la fin de cet article ajoute au contraire : « La peine sera du double si le coupable est fonctionnaire public ; » établissant ainsi, aussi clairement qu'on peut le dire dans aucune langue humaine, que la menace est un délit, qu'un fonctionnaire peut s'en rendre coupable comme un simple mortel, et que, s'il s'en rend coupable, il doit être doublement puni, puisqu'il tombe de cette hauteur prodigieuse et de cette espèce de région divine dans laquelle nos institutions et nos mœurs l'ont placé.

Je vous le demaude maintenant, monsieur, à vous et à tout Français sachant lire, si M. de Montlaur, cet article de loi à la main, avait demandé au Conseil d'État le droit de poursuivre M. l'inspecteur des postes du département du Loir-et-Cher, le Conseil d'État aurait-il pu lui refuser cette autorisation si légitime? Et, aujourd'hui encore, si M. de Montlaur, s'appuyant sur la qualification donnée par le Conseil d'État lui-même à la circulaire menaçante de ce fonctionnaire, veut bien demander l'autorisation de le poursuivre, comment supposer que le Conseil d'État puisse se démentir au point de la refuser? Supposons maintenant ce fonctionnaire cité devant ses juges ; je ne suis point le défenseur officieux de la magistrature, et je ne la crois incapable ni d'erreur ni de faiblesse, mais je ne me résoudrai pas de sitôt à croire qu'un juge français, mis en face d'un délit constant et d'une loi précise, refusera de faire son devoir. Supposez enfin M. l'inspecteur des postes condamné , et réfléchissez à l'effet d'un tel exemple. En suivant cette marche dans cette affaire, et en la suivant jusqu'au bout, M. de Mont-

laur aurait rendu au pays un éminent service et
mérité la gratitude de tous les bons citoyens.

Il ne faut, en effet, qu'un exemple de ce genre
pour établir nettement en matière électorale la situation des fonctionnaires les uns à l'égard des
autres, et celle de tous les fonctionnaires à l'égard
des citoyens. Qu'on sache enfin qu'il y a une loi
pénale en matière d'élection, que cette loi ne fait
d'exception pour personne, qu'elle accumule, au
contraire, des rigueurs particulières sur le fonctionnaire qui l'offense ; qu'il ne saurait, sans la
violer, inquiéter, effrayer ni menacer aucun électeur, ni au-dessous de lui, ni autour de lui ; que,
s'il se laisse aller à le faire, il y a des moyens certains de l'amener devant la justice, et que, le délit
une fois constant, aucun juge ne voudra s'exposer
à la honte de ne le point condamner. Que ces vérités si simples et si salutaires se répandent, que
les candidats lésés les confirment par quelques
exemples, et ce jour-là seulement aura commencé
l'éducation électorale du peuple français.

V

Des candidatures officielles. — Sur les maires et les chambellans de l'empire, candidats du gouvernement.

21 décembre 1862.

Monsieur,

Bien qu'on soit d'accord pour regarder les élections comme ajournées à l'année prochaine, c'est encore des élections que je veux vous entretenir. On n'y saurait trop songer, après tout, puisqu'aucun autre moyen n'est offert à l'opinion libérale de jouer un rôle dans les événements et d'exercer une influence appréciable sur les affaires.

Or, plus j'étudie notre système électoral, plus j'y remarque des défauts, que nous devons, avec patience, nous attacher à signaler et à détruire;

si nous voulons arriver par les élections à une
représentation de plus en plus sincère de la France.
Ne pensez-vous pas comme moi, monsieur, qu'il
est du plus pressant intérêt, pour tout gouvernement jaloux de durer, de se trouver en face d'une
Chambre élective qui soit l'expression, aussi exacte
que possible, des vœux, des opinions, et même
des préjugés du pays ? Il n'est malheureusement
pas difficile, chez un peuple aussi fortement ad-
ministré que le nôtre, d'exercer sur les élections
une pression efficace ; et un gouvernement, bien
résolu à se servir énergiquement de ses moyens
d'action, pourrait arriver sans trop d'efforts à
faire une Chambre à son image. Mais, au nom du
ciel, que peut-on gagner à une opération de ce
genre ? Chercher l'écho de sa propre voix, est-ce
consulter le public ? est-ce s'appliquer sérieusement à savoir ce qu'il veut et ce qu'il pense ? Et
si, cette victoire trop facile une fois remportée, on
cède soi-même, comme il arrive trop souvent, à
l'illusion qu'on a voulu créer pour les autres,
n'est-on pas exposé à se trouver tout seul dans
une voie où l'on se croit suivi par tout le monde ?

Veuillez remarquer encore qu'un gouvernement qui agirait de la sorte serait le seul à prendre ainsi au sérieux son propre ouvrage et qu'il ne tromperait absolument que lui-même. Car l'électeur qui cède en votant à l'intimidation, à la mollesse, à l'indifférence, sait parfaitement ce qu'il fait ; il estime à sa juste valeur le vote qu'il a laissé tomber de sa main ; il n'en garde pas moins l'opinion qu'il n'a pas su ou qu'il n'a pas osé défendre ; son propre député pourra parler (si par hasard il parle) sans l'ébranler ni le convaincre, et s'il a été assez faible pour le nommer, il n'est pas assez sot pour le croire. Voilà une situation qu'un gouvernement sage doit éviter à l'égal du plus grand péril, et nous rendons un service bien désintéressé au pouvoir actuel en le détournant de notre mieux du chemin qui pourrait l'y conduire.

J'ai démontré, dans ma lettre précédente, qu'il n'était ni juste, ni prudent, ni légal de croire les fonctionnaires publics affranchis de l'article 39 de notre loi électorale, qui proscrit formellement l'intimidation et la menace à l'égard d'un électeur, et qui double la peine attachée à ce délit si

4

le coupable est fonctionnaire public. Je veux aujourd'hui attirer votre attention sur la coutume regrettable qui paraît être adoptée par le gouvernment de présenter comme ses candidats à la députation la plupart des maires de nos grandes villes. Vous seriez étonné, si vous pouviez les compter, du nombre de maires que contient la Chambre actuelle. M. Granier de Cassagnac a dit un jour, en s'en félicitant, qu'il y en avait plus de deux cents, ce qui, sur deux cent soixante députés serait considérable. Mais en faisant, comme toujours, la part de l'exagération dans les paroles de cet honorable député, la majorité de la Chambre n'en serait pas moins composée de ces fonctionnaires.

Ces maires seraient élus par le public au lieu d'être nommés par le pouvoir, qu'il y aurait déjà plus d'un inconvénient à les envoyer à la Chambre. En effet, pourquoi chaque opinion ne chercherait-elle pas à faire participer le plus grand nombre possible de ses chefs ou de ses membres aux affaires publiques, l'un comme maire, l'autre comme député, cet autre comme conseiller général? Alors même que les élections municipales et législatives seraient, comme autrefois, une lutte à armes égales entre les opinions diverses de la cité, j'aimerais à voir le parti triomphant augmenter la vie politique du pays, en dispersant les fonctions électives entre plusieurs de ses élus, au lieu de les accumuler sur une seule tête.

Mais nous sommes bien loin de cet idéal, et il faut prendre la situation actuelle pour point de départ. Or, la loi existante attribue au gouvernement la nomination de tous les maires de France, et le gouvernement fait un maire comme il fait un sous-préfet ou un commissaire de police, sans être même astreint, en aucune façon, à le choisir parmi les membres du conseil municipal. C'est ce fonctionnaire, ainsi créé d'un coup de plume et investi d'attributions administratives importantes, que le gouvernement a trop souvent l'habitude de choisir pour candidat aux élections législatives. Remarquez, je vous prie, le chemin trop facile que suit, dans sa marche ascendante, cet homme favorisé du pouvoir central.

C'est un chemin tout semé de roses. On l'a nommé maire, sans que ce succès, don gratuit d'en haut, lui ai coûté aucun effort ; on a fait ainsi de lui, d'un seul coup, le citoyen le plus puissant de la cité ; on lui a donné, par là même, la direction de la police administrative, si influente par les règlements qu'elle promulgue et par les contraventions qu'elle constate ; on lui a confié en même temps un rôle considérable dans les opérations électorales ; puis, sa situation ainsi établie, on le désigne pour candidat aux élections législatives, c'est-à-dire qu'on le charge de se faire élire lui-même, en l'y aidant de toute la force du pouvoir. Le triomphe d'une élection ainsi préparée et ainsi conduite est presque inévitable, j'en conviens ; mais qui profite de ce triomphe, je vous le demande ? Est-ce le gouvernement, qui voit arriver, sous l'uniforme du député, celui qu'il a lui-même revêtu de l'uniforme de maire, celui qu'il a tiré du néant, qu'il a érigé en personnage, et qui, sans lui, le plus souvent, ne serait rien ?

Cette fâcheuse méthode d'accumuler par un double choix officiel, les fonctions de maire et de

député sur une seule tête, paraît tellement adoptée par le pouvoir central, le public des départements est si habitué à voir le même homme appelé à ces deux emplois, qu'on en est venu, en
plus d'une ville, à les croire inséparables, et qu'on
dit couramment : « M. un tel qui sert depuis dix
ans à la mairie et au corps législatif va être fait
premier-président, et alors ce sera M. un tel qui
sera nommé maire et député. » Quand cette phrase,
que j'ai entendue vingt fois, court les rues de ***,
c'est la première partie de la nouvelle qui surprend
le public, ce n'est pas la seconde. Que M. X... soit
si magnifiquement récompensé de ses labeurs lé-
gislatifs, on a peine à le concevoir, mais que la
personne nommée pour administrer la ville soit
en même temps désignée pour la représenter à la
Chambre, que le ofnctionnaire chargé par la loi
de diriger les opérations électorales soit en même
temps invité à veiller à ce que son propre nom
sorte du scrutin, c'est ce qui paraît aujourd'hui si
naturel, que le contraire exciterait l'étonnement
général. Il faut pourtant, monsieur, que cela soit
changé dans l'intérêt du pays et du gouvernement

lui-même. Que les maires continuent à être nommés par le gouvernement, ou qu'ils soient réellement un jour, comme ils doivent l'être, les administrateurs élus de la cité, il importe à leur bonne gestion des affaires municipales, à l'impartialité de leur justice administrative, à leur dignité personnelle, qu'ils abjurent toute prétention au mandat de député; et la loi qui déclarera pour toujours les fonctions de maire incompatibles avec les fonctions législatives ne sera pas la disposition la moins importante de la réforme électorale que nous devons nous efforcer de conquérir.

Il est un autre ordre de fonctionnaires qui ne devrait point figurer dans la Chambre élective, et dont la présence en ce lieu, due évidemment à un malentendu, a donné lieu aux plus justes critiques. Ce sont les chambellans de l'empereur, et en général les officiers de la maison impériale, de quelque nom et de quelque fonction qu'ils soient décorés. Vous savez avec quel soin et avec quelle précision la constitution a fort sagement exclu toute espèce de fonctionnaires de la Chambre. Comme le maire est aujourd'hui nommé par le

gouvernement, l'absence d'un traitement attaché
à l'emploi de maire est tout ce qui distingue ce
magistrat municipal d'un fonctionnaire. En admettant que cette distinction suffise pour expliquer la présence d'un maire à la Chambre, elle
ne saurait être invoquée en faveur d'un chambellan de l'empereur : le chambellan a un traitement. Par quel argument est-il donc possible de
justifier sa présence à la Chambre? Dira-t-on que
les fonctions qu'il remplit au château ne le ratta-
chent par aucun lien à la politique du gouvernement? Cet argument pouvait paraître valable sous
la monarchie constitutionnelle, lorsque la royauté
était (ou plutôt, hélas! devait être) entièrement
désintéressée dans le résultat des luttes parlemen-
taires. Mais c'est méconnaître le texte et l'esprit
de la constitution actuelle que de produire aujourd'hui un argument de ce genre. Plus on lit la
Constitution, et surtout plus on la voit pratiquer,
plus on doit sentir que l'empereur est, dans toute
la force du terme, ce qu'on entendait jadis par
un président du conseil, avec cette seule différence que l'empereur, bien que responsable, est

inamovible. Entre un chambellan de l'empereur et le secrétaire général d'un ministère, il y a donc cette unique différence que le secrétaire général relève d'un ministre ordinaire, tandis que le chambellan de l'empereur dépend étroitement du premier de tous les ministres, de celui qui à son gré les nomme où les révoque, de celui sans lequel tous les autres ne sont rien, en un mot, du chef réel et incontesté du gouvernement de la France.

Le chambellan de l'empereur devrait donc, aux termes de la constitution, être écarté plus rigoureusement encore que tout autre fonctionnaire du mandat de législateur. Quelle raison peut-on appeler à son aide pour le lui conserver ? Soutiendra-t-on, comme je l'ai entendu dire, que ce mandat lui est nécessaire et que le traitement de chambellan serait insuffisant sans le supplément qu'y apporte l'allocation législative ; on ne peut alléguer convenablement un motif de ce genre. Si cette insuffisance est réelle, le public verrait sans doute avec plaisir élever le traitement attaché à des fonctions si importantes, et aucun surcroît de dépense ne serait mieux accueilli que celui-là, puisqu'il tendrait à faciliter l'application plus scrupuleuse d'une des meilleures dispositions (sinon la meilleure) de la constitution actuelle : celle qui ferme l'entrée de la Chambre aux fonctionnaires publics.

Mais, direz-vous, ne serait-ce point porter atteinte à la liberté des votes, et, si l'on déclare les chambellans de l'empereur inéligibles, pourra-t-on résister à l'entraînement des populations qui a jusqu'ici porté tant de colléges à voter pour eux ? — Je vous répondrai d'abord, monsieur le rédacteur, que toutes les incapacités légales en matière d'élection ont l'inconvénient inévitable de poser des bornes aux choix des électeurs, et que, cependant, la loi est forcée d'établir beaucoup de restrictions de ce genre au vœu populaire. Les préfets, par exemple, ne sont pas éligibles. Eh bien, ne savez-vous pas que c'est souvent pour leurs administrés une rude privation et un véritable crève-cœur que de ne pouvoir les nommer ? Vous souvenez-vous de M. Dabeaux ? L'emportement des électeurs à le nommer fut tel, qu'ils n'attendirent même pas qu'il devînt éligible, si

bien que son élection fut nulle et à recommencer.
Combien d'autres de leurs préfets les populations
éliraient députés, si seulement on les laissait faire!
Mais la loi s'y oppose et les populations se rési-
gnent. Soyez sûr qu'il en serait de même pour les
chambellans de l'empereur; je ne suis pas plus
aveugle que vous sur l'enthousiasme avec lequel
les populations les envoient siéger à la Chambre;
mais cet enthousiasme ne va pas jusqu'à la sédi-
tion, je vous le jure. Le jour où la loi aura parlé,
les électeurs, habitués à de tels choix, dévore-
ront leur chagrin en silence; ils immoleront sur
l'autel de la patrie leurs préférences bien natu-
relles, et, tout en déplorant de ne plus pouvoir
élire de tels députés, ils auront assez de sang-
froid pour en chercher d'autres.

VI

4 janvier 1863.

Monsieur,

Je viens de lire le décret qui fixe le nombre des députés à élire pendant la période quinquennale de 1862 à 1867 et la composition des nouvelles circonscriptions électorales, et j'apprends par ce décret que le département de la Seine, dans lequel le nombre des électeurs parait avoir décru à mesure que la population s'est augmentée, doit décidément se contenter de neuf députés au lieu des dix députés qu'il lui a été jusqu'ici

permis d'élire. Je ne vous ferai aucune part des
réflexions que cette lecture me suggère, et je vous
demanderai la permission de continuer modestement mon rêve de réforme électorale ; je n'imagine
point que ce rêve inoffensif puisse paraître plus
illégal aujourd'hui qu'il l'était sous la monarchie
de Juillet, lorsque la réforme électorale était le
mot d'ordre d'un grand parti constitutionnel auquel appartenaient quelques-uns des ministres actuellement au pouvoir. Continuons donc à con-
struire cette Salente ; achevons d'en dessiner le
plan, qui pourra servir quelque jour, et qui même
aujourd'hui ne sera pas inutile, si les esprits éclairés veulent bien y prêter quelque attention.

C'est précisément des circonscriptions électorales que je voulais vous entretenir, et le décret
que je viens de lire ne modifie en rien mes opinions sur cette matière. Je ne puis d'abord me
lasser d'admirer que la France, qui compte 37 millions d'habitants, se contente d'un corps législatif
inférieur en nombre, non-seulement à toutes les
assemblées nationales dont nous avons gardé la
mémoire, mais au corps législatif du premier em-

pire, qui était composé de trois cents membres. Je viens de relire avec attention les raisons que le législateur de 1852 a données en faveur de cette réduction considérable dans le nombre des députés de la France; ses objections contre les assemblées trop nombreuses pouvaient n'être pas sans fondement contre une assemblée de près d'un millier de membres comme notre seconde Constituante; mais elles tombent d'elles-mêmes devant l'expérience, si l'on songe un seul instant à la chambre des communes d'Angleterre, composée de plus de six cents députés, ou à nos propres Chambres constitutionnelles, qui comptaient près de cinq cents membres. Pour moi, sans discuter davantage l'opinion du législateur de 1852, je pense que c'est entre cinq cent cinquante et six cents députés que serait le chiffre convenable des représentants de notre pays.

Cependant, c'est moins encore sur le nombre de nos députés que sur la façon de les élire que porteraient mes projets de réforme. Je ne puis reconnaître dans cette abstraction mobile qu'on appelle aujourd'hui *une circonscription électorale*

une base solide pour le choix de notre représentation nationale. La circonscription n'est qu'un assemblage arbitraire de cantons souvent étrangers
les uns aux autres, parfois inconciliables par la
diversité de leurs intérêts ou de leurs habitudes,
et cet assemblage peut être remanié tous les cinq
ans par un simple décret du pouvoir exécutif. Je
ne doute pas que, dans la composition ou le remaniement de ces circonscriptions, le pouvoir central
ne soit principalement guidé par le sincère désir
de voir se former, entre les populations ainsi ras-
semblées, une certaine communauté d'intérêts et
d'opinions, un certain accord qui puisse servir de
base à une élection indépendante. Mais il faut
croire alors que cette œuvre est au-dessus des
forces humaines, et qu'il est impossible de réunir
trente-cinq mille électeurs sans détruire toutes les
agglomérations géographiques, industrielles ou
politiques du département. Ces circonscriptions
sont composées de parties organiques, je le veux
bien, mais de parties séparées de leur centre naturel et par là même privées de vie et réduites en
poussière. Je vois, par exemple, dans le départe=

ment des Bouches-du-Rhône, une partie de la campagne de Marseille voter avec Aix, une partie de la campagne d'Aix voter avec Arles, et il n'est point de département où les arrondissements ne soient ainsi morcelés et confondus, et leurs débris amalgamés ou plutôt juxtaposés dans les combinaisons les plus singulières. Ajoutez à la difficulté que le dessin des circonscriptions paraît offrir, la difficulté non moins grande qui naît du mouvement de la population et des brusques variations de nos listes électorales, qui donnent parfois au mouvement de la population elle-même de si curieux démentis. Nous avons vu, par exemple, Paris perdre des électeurs, et par conséquent un député à mesure qu'il gagnait des habitants. Eh bien, un de mes amis, M. Louis Passy, vient de me signaler, dans le *Journal des Économistes*, un phénomène tout contraire. Le député qui s'est envolé de Paris s'est abattu sur son département, le département de l'Eure, qui a gagné 5,377 électeurs, en même temps qu'il s'appauvrissait de 6,004 habitants[1].

[1] M. Louis Passy soutient même qu'on est trop généreux envers son département, et que ce député inattendu y est légale-

Un système qui produit des résultats si extraordinaires ne saurait passer pour irréprochable, et
comme on ne peut songer à mettre en doute l'ardeur sincère du gouvernement à l'appliquer de la
façon la plus raisonnable et la plus juste, c'est le
système lui-même qui doit fixer notre attention et
provoquer nos projets de réforme. Le scrutin de
liste pratiqué sous la République soulevait de graves
objections; la division de la France électorale en
arrondissements semble de beaucoup préférable,
mais il faudrait accommoder cette division aux
nécessités du suffrage universel; quoi qu'il en soit,
il n'y aurait aucune difficulté sérieuse à trouver
un système de répartition préférable au système
actuel, dont les inconvénients résistent à toute l'application et à toute la bonne volonté du pouvoir.

J'arrive maintenant, monsieur le rédacteur,
au dernier et au plus important article de mon

ment de trop, parce que la liste électorale arrêtée le 31 mars
1862, ne s'élève pas au-dessus de 122,084 électeurs, c'est-à-dire
416 de moins qu'il n'en faudrait pour créer dans le département
un emploi de député de plus. C'est une question à débattre entre
M. Louis Passy et son préfet.

[Malgré la réserve de la *note* qui précède, elle a servi de con-
sidérant à un nouvel *avertissement* dont M. de Persigny, alors
ministre de l'intérieur, a aussitôt frappé le journal.

modeste projet de réforme. Vous savez que l'usage
général est de voter, dans nos élections, avec des
bulletins imprimés. C'est un usage que la constitution ne prescrit pas et qu'elle n'interdit pas non
plus : je souhaite que le législateur se décide un
jour à l'interdire; en d'autres termes que l'électeur soit invité, comme autrefois, à écrire lui-même
son bulletin sur le bureau et à le remettre plié au
président, qui l'introduirait dans l'urne. Quant
aux précautions à prendre pour assurer, pendant
cette opération, le secret du vote, elles sont des
plus simples, et tous les anciens électeurs qui ont
voté de cette manière les indiqueraient aisément.
— Mais, direz-vous, il faudrait donc savoir désormais lire et écrire, ou du moins être capable d'é-
crire le nom de son candidat pour être électeur?
— Précisément, monsieur, et c'est pour cette raison que je vous ai annoncé le dernier article de
mon projet de réforme électorale comme le plus
important de tous. Voici très-brièvement de quelles
raisons je l'appuie.

Le bulletin imprimé, comme le système des
circonscriptions électorales, a des inconvénients

auxquels la loyauté du gouvernement s'épuise en
vain à porter remède. Vous savez que le bulletin
imprimé du candidat patronné par l'administration, est aujourd'hui envoyé à l'électeur par l'administration elle-même, avec la carte qui constate
le droit de voter. Or, monsieur, j'ai vu de mes
yeux et entendu de mes oreilles des électeurs des
campagnes qui regardent l'envoi de ce bulletin
joint à cette carte comme un ordre, et qui, abusés
par cette distribution officielle, considèrent comme
un quasi-délit de mettre un autre bulletin que
celui-là dans l'urne. Je sais mieux que personne,
monsieur, les efforts énergiques et consciencieux
du gouvernement pour dissiper cette fâcheuse
erreur. Je sais comme toute la France que, par ses
proclamations, par ses affiches, par la voix des
maires, des gardes champêtres, des commissaires,
des facteurs, le gouvernement ne cesse de répéter
aux électeurs qu'ils sont libres de jeter ce bulletin
au feu et d'en prendre un autre, qu'on ne leur en
voudra point le moins du monde d'une action si
naturelle, et qu'en proposant tel ou tel candidat à
leurs lumières, on ne prétend nullement l'imposer

à leur volonté. Je sais aussi, monsieur, tout le mal que se donne le gouvernement pour assurer aux candidats de l'opposition la libre impression de leurs circulaires, le prompt et sûr affichage de leurs proclamations et la tranquille et rapide distribution de leurs bulletins. Je sais enfin qu'après une campagne de ce genre les agents de l'administration sont, en général, épuisés et rendus par suite de tous les efforts qu'ils ont dû faire pour persuader aux électeurs les moins intelligents qu'ils pouvaient voter à leur guise, selon leur conscience, et pour faire entrer dans les esprits les plus bornés ou les plus timides une claire notion de la liberté électorale. Mais quoi ! ce sont ces efforts même, si honorables d'ailleurs, que j'invoque comme une preuve en faveur de mon opinion, puisqu'ils demeurent si souvent inutiles, et qu'on rencontre encore plus d'électeurs qu'il ne faut persuadés que s'ils ont voté de telle façon plutôt que de telle autre, c'est qu'il n'était ni permis, ni sage de voter autrement.

« Avec le bulletin écrit sur le bureau ou à côté du bureau par l'électeur, tous ces inconvénients

disparaissent. Savoir clairement un nom et venir
l'écrire, c'est un acte de discernement et de volonté, et, par conséquent, un signe de choix et
d'indépendance. Rien n'empêcherait, alors même,
le gouvernement (s'il persistait dans le système si
discutable des candidatures officielles) d'avoir son
candidat et de le faire connaître, d'imprimer ce
nom prédestiné en grosses lettres sur les murs et
même dans l'enceinte électorale, mais il ne met-
trait plus ce nom dans la main de l'électeur, et
cela suffit. Le plus humble paysan, sûr cette fois
de sa pleine liberté, arriverait au bureau décidé
dans son choix, et, comme on dit à la campagne,
sachant bien son affaire. Il y trouverait un mor-
ceau de papier blanc et une plume; il écrirait
le nom qu'il a médité et choisi, le verrait mettre
sous ses yeux dans l'urne et s'en irait, ayant fait
sa volonté et gardant bien son secret, si son intérêt ou son défaut de courage l'inclinent à le
garder.

Enfin, il aurait donné, en même temps qu'une
marque d'indépendance, un gage modeste, je le
veux bien, mais certain et utile de ses lumières.

Il saurait lire et écrire, et il aurait ainsi conquis, autrement qu'en prenant la peine de naître, sa dignité d'électeur. Il déciderait avec un commencement d'éducation, c'est-à-dire avec moins de chances de se tromper, des intérêts si grands et si sacrés qui lui sont confiés, puisqu'on l'invite, après tout, à envoyer un citoyen de son choix dans une assemblée chargée de représenter le pays et autorisée à parler en son nom. Certes, lorsqu'en échange d'un droit si précieux, et pour en mieux assurer le sincère exercice, la patrie lui demanderait d'apprendre à lire et à tracer quelques lettres, expression irrécusable de sa pensée, elle ne lui imposerait point une tâche surhumaine, ni rien qui fût indigne de ses efforts ou inaccessible à son ambition. Est-ce trop demander à un électeur français que de l'engager à devenir capable d'épeler et d'écrire le nom de la France, et osera-t-on dire que ce soit restreindre ses droits d'homme et de citoyen, que de le conjurer de devenir, en effet, par l'éducation la plus humble, un homme et un citoyen? Faire de pareilles questions, monsieur, c'est les résoudre; éveiller sur ce point le bon sens public, c'est le déterminer en notre faveur.

Je vois enfin, dans cette réforme décisive, un avantage indirect si considérable, que plus j'y songe, plus j'y sens incliner mon esprit. Vous avez souvent entendu parler, monsieur, de lois sur l'instruction primaire obligatoire, et vous avez vu les meilleurs esprits se diviser sur la question de savoir si l'on pouvait ou non, dans l'intérêt public, imposer à tous les citoyens ce commencement d'instruction. Mais il est un point sur lequel tous les esprits sont d'accord : c'est qu'il est licite et excellent d'encourager, par tous les moyens, les citoyens à acquérir cette instruction élémentaire. Or, connaissez-vous, monsieur, de moyen plus efficace, et en même temps plus légitime, pour exciter une émulation salutaire, que cette perspective offerte à tous : d'être ou de n'être pas électeur, selon qu'on sera capable ou non d'écrire son bulletin de vote? Une certitude de ce genre équivaudrait à l'instruction primaire obligatoire sans blesser la liberté de personne, et élèverait en bien peu de temps le niveau général de l'éducation populaire.

Je dis en bien peu de temps; car une seule élection, dans laquelle l'homme illettré aurait vu son
voisin voter sans pouvoir voter lui-même pour
cause d'ignorance, serait une leçon suffisante
pour la vanité française, et jamais cette vanité,
souvent féconde en belles actions, n'aurait produit un résultat plus heureux.

J'en ai fini, monsieur, avec ce projet de réforme; je le propose bien plus comme un sujet
d'étude pour les esprits sérieux que comme un but
prochain à toucher, ou comme un bien aisé à conquérir: la réforme électorale, qui était à l'ordre
du jour en 1846 et 1847, serait moins à la mode
aujourd'hui. Avouons-le pourtant : de même qu'il
n'est, je crois, pas un Français qui songe désormais à porter atteinte au suffrage universel, il
n'est pas un ami éclairé et sérieux du pays qui ne
croie notre mode actuel d'élire, capable d'importantes et utiles réformes. C'est l'œuvre de l'avenir; mais je n'ai point perdu ma peine si les lettres
que j'ai eu l'honneur de vous écrire peuvent appeler sur ce grand sujet l'attention impartiale du
gouvernement et du public.

VII

Services réels de l'Opposition dans la Chambre. — M. Jules Favre se déclare pour le bulletin secret écrit par l'électeur. — Conséquence singulière de la suppression du droit d'ouvrir par décret des crédits extraordinaires et supplémentaires.

15 février 1863.

Monsieur,

Le *Times* rappelait hier à propos de nos discussions législatives le mot d'un ministre anglais du temps passé, qui raillait les députés de l'opposition au sujet de leur petit nombre : « Vous pourriez tous vous en aller dans un fiacre, » leur dit-il. Les cinq députés de l'opposition française n'ont qu'à faire monter un d'entre eux sur le siége pour exécuter à la lettre cette spirituelle parole, et pour rétablir l'unanimité du corps législatif sur les questions même où cette unanimité pouvait paraître douteuse, sur la question du Mexique, par exemple.

Mais le petit nombre de ces députés ne fait rien à l'affaire, et ne les a pas empêchés de rendre au pays, depuis le début de la session, d'importants services. Qui aurait pu préciser dans aucun journal, sous une forme aussi nette et aussi pressante que celle de leurs amendements, les principales questions à résoudre? Qui aurait pu écrire et publier ce qu'ils ont dit de frappant et d'utile sur l'entreprise du Mexique, sur l'état de la presse, sur les nouvelles circonscriptions électorales, sur l'intervention du pouvoir dans les élections? Certes, j'espère que l'appel éloquent de M. Jules Favre sera entendu, et que les électeurs feront bientôt cesser l'isolement de ces trop rares défenseurs de nos libertés au sein de la Chambre ; mais, bien que leur tâche puisse en devenir plus facile et plus douce, elle ne sera jamais plus honorable, elle ne leur méritera jamais au même degré la gratitude de tout ce qui reste de libéraux parmi nous. Il faut, en effet, une constance à toute

épreuve, et, mieux encore, un sentiment inflexible
du devoir, pour venir chaque année répéter aux
mêmes hommes les mêmes principes et les mêmes
faits, presque dans les mêmes termes. Je ne veux
point, malgré le droit que les *communiqués* eux-
mêmes veulent bien nous reconnaître, rappeler et
louer tous ces discours, dont pas un n'était inutile,
et dont plusieurs étaient excellents. Je ne puis cependant omettre de dire combien je m'estime heureux d'avoir trouvé, dans un des plus beaux discours qu'ait jamais prononcés M. Jules Favre,
l'approbation explicite du principe le plus important de ce projet de règlement électoral, que vous
m'avez récemment permis d'exposer dans ce journal. M. Jules Favre est, comme nous, d'avis que
l'électeur devrait écrire lui-même son bulletin ; il
pense, comme nous, que cette condition, si légitime, mise à l'exercice du droit électoral, serait à
la fois une garantie d'indépendance, une garantie
de lumières, et, ce qui ne serait pas moins précieux, un moyen efficace et rapide de développer
l'éducation populaire. Je ne crois pas qu'on ait le
courage de transformer M. Jules Favre en ennemi

du suffrage universel, parce qu'il a bien voulu
adopter notre opinion et répéter nos vœux ; nous
le remercions, en tout cas, d'avoir donné à notre
faible voix l'écho de sa voix plus puissante; et,
quant au respect dû aujourd'hui par tout le monde
au suffrage universel, nous pensons que la meilleure façon de témoigner ce respect, c'est de souhaiter hautement que l'exercice du suffrage universel devienne enfin libre, et que l'usage en soit
de plus en plus éclairé.

M. Jules Favre et ses quatre collègues ont enfin
agi avec sagesse et ont fait leur devoir en prenant
plusieurs fois le pays à témoin du peu de concours
que leurs plaintes rencontraient dans la Chambre,
et en rappelant aux électeurs qu'il dépend d'eux et
d'eux seulement de perpétuer ou de modifier un
tel état de choses. Quelle que soit, en effet, l'influence des circonscriptions électorales et des in-
scriptions plus ou moins nombreuses, quelle que
soit même la puissance de l'administration, lorsqu'elle appuie résolûment les députés de son
choix, rien n'empêchera l'opinion et la volonté des
électeurs de se faire jour, si les électeurs ont réel-

lement une opinion et une volonté. N'accusons point, comme on le fait sans cesse, le gouvernement tout seul du résultat de notre propre mollesse et de notre propre indifférence, et confessons loyalement que si l'effort de l'administration l'a jusqu'ici emporté dans nos luttes électorales,. c'est que l'opinion encore endormie lorsqu'elle n'est pas satisfaite n'opposait aucun obstacle sérieux à ce triomphe. Cet effort de l'administration n'est après tout qu'un vent assez faible qui suffit pour tout incliner dans le même sens, parce que l'atmosphère est calme, mais qui serait aisément dominé et annulé s'il s'élevait un vent contraire. Qu'un grief assez général, qu'une cause de mécontentement assez facile à comprendre et assez lourde à porter pour agir sérieusement sur l'esprit des masses se produise dans le pays, et l'on verra que si le suffrage universel ne s'émeut point pour peu de chose, comme l'a dit avec raison l'empereur, rien ne l'empêche de se faire entendre et de se faire obéir lorsque, par impossible, il est sérieusement ému.

A moins qu'il ne survienne quelque événement

bien imprévu, il ne faut point s'attendre à un mouvement de ce genre pour les élections prochaines. La prédiction des ministres-orateurs doit probablement s'accomplir, en ce sens que la majorité de la Chambre actuelle sera rendue au gouvernement par les électeurs auxquels on va bientôt la redemander. Mais nous avons lieu d'espérer que la minorité verra grossir ses rangs et que le fardeau de l'opposition libérale si vaillamment porté pendant de longues années par quelques citoyens, sera réparti sur un plus grand nombre de têtes. Nous pourrions donner plusieurs raisons de cette espérance. La première de toutes, c'est que la doctrine de l'abstention a perdu toute influence dans les rangs de l'opinion libérale, c'est que l'on commence à comprendre la nécessité d'agir et de voter en usant avec vigueur de toutes les libertés que la loi nous laisse. La seconde, c'est que cette inclination à s'épurer sans cesse et à se diviser à l'infini, qui a été jusqu'ici la faiblesse de la démocratie française, tend à s'éloigner de nous pour faire place à un sentiment plus juste de notre situation et de nos devoirs en face de nos communs

adversaires. La troisième raison d'espérer, c'est
que cette funeste manie paraît n'avoir quitté nos
rangs que pour passer dans les rangs de ceux qui
nous combattent ; on les voit à leur tour se diviser, s'épurer et s'exclure avec le plus louable
zèle ; je ne citerai aucun nom propre, mais vous
connaissez comme moi ceux dont le dévouement
paraît aujourd'hui trop tiède et qu'on est bien résolu, quoi qu'ils disent et quoi qu'ils fassent, à remercier de leurs services. Soyez-en convaincu,
monsieur le rédacteur, si quelques-uns de ces
députés, soutenus jadis avec ardeur par l'administration et traités aujourd'hui par elle en ennemis déclarés, rentrent de haute lutte à la Chambre,
ils y apporteront un sentiment tout nouveau de la
situation du pays, et témoigneront, j'ose l'espérer,
pour la liberté électorale et pour la liberté de la
presse, une sollicitude auprès de laquelle l'ardeur
des libéraux les plus anciens et les plus fermes
sera exposée à pâlir.

Il n'est pas non plus impossible que la discussion du budget, si elle est bien conduite, exerce
une certaine influence sur ceux de nos électeurs

qui sont en état d'apprécier notre situation financière. Je conseille à tous ceux qui voudront suivre avec fruit cette discussion importante, de se préparer à la bien comprendre en lisant l'excellente brochure que M. Casimir Périer vient de publier à ce sujet [1]. Il est impossible d'exposer avec plus de lucidité et avec une équité plus bienveillante, à l'égard du ministre actuel des finances, les difficultés qu'a rencontrées l'application du nonveau système, et le résultat inattendu de la suppression du droit d'ouvrir par décret les crédits extraordinaires et supplémentaires. Les lecteurs du *Courrier du Dimanche* n'ont pas oublié que M. Fould, en proposant cette importante réforme, ne réservait désormais au gouvernement que deux moyens de faire face à ces dépenses imprévues auxquelles la faculté d'ouvrir les crédits par décret avait pourvu jusqu'à ce jour. Ces deux moyens indiqués à l'exclusion de tout autre étaient : 1° les virements de crédits ; 2° la convocation du corps législatif dans le cas où ces virements de crédits

---

[1] La *Situation financière en* 1863, par M. Casimir Périer. — Dentu, libraire éditeur.

seraient insuffisants pour faire face aux nécessités imposées par la politique au Trésor. On sait aujourd'hui que l'emploi d'un troisième moyen, dont on n'avait point parlé alors, a été jugé indispensable : le ministère de la marine a dû prendre sur lui de tirer, pour les dépenses croissantes et imprévues de l'expédition du Mexique, des traites sur le Trésor dont le chiffre n'est pas exactement connu et qui ne sont naturellement imputables sur aucun crédit, puisque les Chambres n'en ont accordé aucun et que le gouvernement s'est dessaisi de la faculté d'en ouvrir. Il n'est pas douteux que le corps législatif ne sanctionne ces dépenses lorsqu'elles lui seront soumises, puisqu'elles sont effectuées et qu'il ne s'agit plus que de faire honneur à la signature de la France ; mais n'est-on pas absolument contraint d'appliquer à la situation actuelle le jugement si sévère que M. Fould portait lui-même sur la situation antérieure ? Qu'on veuille bien relire aujourd'hui ce passage de son ancien et célèbre rapport :

« Le véritable danger pour nos finances, disait-il alors, est dans la liberté qu'a le gouvernement de *décréter* des dépenses sans le contrôle du pouvoir législatif... La constitution a réservé le droit de voter l'impôt au corps législatif ; mais ce droit serait presque illusoire si les choses demeuraient dans la situation actuelle, car qu'est-ce qu'un contrôle qui s'exerce sur une dépense dix-huit mois après qu'elle est faite, et qui peut-il atteindre, si ce n'est le chef de l'État, puisque les ministres ne sont responsables qu'envers lui seul? »

Il n'y a qu'un mot à changer pour rendre ce passage exactement applicable à ce qui se passe aujourd'hui : au lieu de dire que le danger de nos finances est dans la liberté qu'a le gouvernement de *décréter* des dépenses sans le contrôle du pouvoir législatif, il faut écrire : la liberté de *faire* des dépenses, puisque le gouvernement a renoncé à la faculté de les *décréter*, et qu'il paraît avoir gardé le pouvoir de les *faire*.

Nous n'avons, pas plus que M. Casimir Périer, l'intention de rendre M. Fould responsable de ce premier échec de notre nouveau système financier. M. Fould désire sincèrement améliorer l'état de nos finances, et peut beaucoup pour y réussir, mais l'impossible est au-dessus de ses efforts. Or, il n'y a rien de plus impossible que de séparer la direction des finances d'un pays de la direction de ses affaires. Faire de bonnes finances sans être en mesure d'imposer une politique qui s'adapte à cette œuvre peut être le rêve d'un bon citoyen; mais qui ne sait par expérience que plus les rêves sont agréables, plus il est dur de se retrouver au réveil en face de la réalité?

VIII

Insurrection de la Pologne. — Injustice de nos lois sur les coalitions.
L'oligarchie des citoyens sachant lire et écrire.

1er mars 1863.

Monsieur,

L'homme propose et Dieu dispose. Vous savez avec quelle joie les libéraux français voyaient, depuis quelques mois, nos affaires intérieures prendre la première place dans les préoccupations du public. Ni l'interminable question italienne, ni la question grecque, qui prend, elle aussi, le chemin de devenir interminable, n'avaient le pouvoir d'empêcher ce retour salutaire de l'esprit public vers nos propres affaires; et si l'entreprise du Mexique préoccupait tout le monde, il n'y avait point lieu de s'en plaindre, puisqu'elle apportait un argument de plus à ceux qui désirent accroître la part laissée au pays dans la direction de sa politique étrangère. Tout nous faisait donc espérer que nous pourrions arriver devant les électeurs, appelés à former la nouvelle Chambre, sans qu'aucun accident du dehors vînt troubler cette situation favorable et détourner de nouveau les esprits de cette pente libérale sur laquelle ils paraissaient s'engager.

Mais voici que la Pologne prend feu sans qu'on puisse en accuser personne, excepté le gouvernement insensé qui a poussé au désespoir, par un acte d'aveuglement sans exemple, une population courageuse. Si ce n'avait été qu'un feu de paille, si les malheureux jeunes gens des villes échappés à cette proscription décorée du nom de recrutement, n'avaient trouvé aucun appui dans la campagne, si l'ordre (puisqu'on est convenu, par tout pays, d'appeler *ordre* le maintien du *statu quo*, si odieux qu'il puisse être), si l'ordre avait été promptement rétabli, il ne serait guère resté

de cette échauffourée que le souvenir du langage
plus que prudent de M. Billault et de l'attitude plus
que réservée de notre gouvernement, habitué à
le prendre de plus haut, au moins en paroles,
avec l'Europe. Mais cette affreuse lutte a duré ;
elle dure encore, et tous les jours elle émeut un
peu plus profondément les cœurs. En même temps,
le gouvernement prussien, déjà si impopulaire
chez lui et si ridicule au dehors, a brusquement
devancé l'exercice de son droit de défense et
avant même d'avoir rien à craindre pour sa pro-
vince polonaise, il a fait un premier pas vers ce
champ de bataille, au risque d'y entraîner der-
rière lui toute l'Europe. Ce n'est pas tout encore :
si l'Autriche, touchée de la même appréhension
que la Prusse, avait imité sa conduite ; si l'Angleterre, l'œil fixé sur les provinces rhénanes, s'était
montrée résolue avant tout à maintenir la paix générale, le gouvernement français n'aurait eu aucune raison ni aucun moyen de modifier l'attitude
qu'il avait prise pendant la discussion de l'adresse,
et les paroles de M. Billault seraient restées pour
le Constitutionnel, et par conséquent pour toute

la France, paroles d'évangile. Mais, comme si le
ciel avait résolu de multiplier les tentations sur
les pas du gouvernement français et de l'engager
peu à peu dans cette grande affaire, voici que
l'Autriche se montre assez froide envers la Russie,
assez malveillante envers la Prusse pour donner
lieu de penser qu'elle se soucie aussi peu des embarras de ses voisins en Pologne que ses voisins se
sont peu souciés de ses propres malheurs en Italie.
Bien plus, l'Autriche laisse dire autour d'elle
qu'elle n'est pas éloignée de reconnaître qu'elle a
plus perdu que gagné au démembrement de la
Pologne, et que la Pologne, sortant pour tout de
bon de son tombeau, ne la trouverait plus parmi
ses adversaires. Enfin, pour achever d'aplanir et
d'embellir ce chemin qui s'ouvre devant notre
gouvernement et qui l'attire, l'Angleterre déclare,
non-seulement par la voix populaire du *Times*,
mais par la voix ministérielle du *Morning Post*,
que si la Prusse ne se rend pas à temps aux re-
présentations réunies de l'Angleterre, de l'Autriche, de la France et du parti de la révolution
universelle, c'est-à-dire (pour employer le lan

gage expressif du *Post*) de lord Palmerston, de l'empereur Napoléon, de M. de Rechberg et de Garibaldi, la perte des provinces rhénanes serait le résultat et le châtiment d'une opiniâtreté si aveugle.

Il faut avouer, monsieur le rédacteur, que ce tableau de l'Europe est le plus séduisant du monde, et que le langage des journaux anglais n'est pas moins doux à nos oreilles que cette voix des sirènes qui exhortait le sage Ulysse à sauter dans la mer. Quoi! c'est l'Autriche elle-même qui parle à demi-voix du rétablissement de la Pologne! Quoi! c'est l'Angleterre qui pèse avec sang-froid, et presque avec bienveillance, les chances qui nous seraient offertes de mettre la main sur le Rhin! Et la Prusse et la Russie, qui seraient seules d'humeur à nous barrer le chemin, sont empêtrées dans des difficultés presque insurmontables à l'intérieur, et chargées au dehors de la malveillance universelle! Qui peut répondre que cette réunion imprévue de circonstances favorables ne soit pas, en effet, un signe manifeste de la destinée, un ordre d'*oser* donné par la fortune?

Mais avant d'obéir et de faire un premier pas qui serait irrévocable, il serait bon de savoir à quoi s'en tenir sur le fond de ces dispositions si bienveillantes en apparence, et, si elles sont sincères, sur le prix dont elles doivent être payées.

Comment croire, en effet, que l'Autriche soit convertie au principe des nationalités, ou même persuadée de la nécessité de rétablir une Pologne entre elle et la Russie, au point d'abandonner la Gallicie sans recevoir une compensation raisonnable? Et qu'est-ce que cette compensation pourrait être? N'est-ce point la Moldo-Valachie qui serait naturellement désignée pour remplacer dans la mosaïque de l'empire autrichien le vide qu'y ferait cette restitution d'un lambeau de la Pologne? Quant à l'Angleterre, on ne me persuadera jamais qu'elle consente à voir la France aller jusqu'au Rhin sans réclamer elle aussi et sans obtenir le prix de sa patience. Plus on considère la carte, plus on se persuade que l'Égypte pourrait seule en cette occasion récompenser et consoler l'Angleterre; et la perspective de voir lord

Palmerston mis par la force des choses en possession de ce fameux canal dont il a toujours déclaré l'exécution impossible doit nous donner à réfléchir. Enfin, la Moldo-Valachie et l'Égypte ne peuvent être livrées à des puissances européennes sans que l'existence de l'empire ottoman lui-même ne soit compromise, et sans que la question d'Orient ne soit définitivement abordée.

Une dernière considération doit être présente à l'esprit du gouvernement français : c'est, vous le savez, un proverbe, que la guerre ressemble à un bal ; on sait avec qui on la commence, on ne peut prévoir avec qui on la termine. Eh bien, il n'est pas seulement important pour nous d'entrer dans cette grande affaire avec la bonne volonté de l'Angleterre, il serait nécessaire d'être assuré jusqu'au bout de cette étroite et parfaite intelligence. Avant notre entreprise du Mexique, l'alliance anglaise pouvait être simplement utile ou même préférable à toute autre ; aujourd'hui, elle est indispensable, et on ne pourrait, sans imprudence, songer à s'en passer. Vous voyez, monsieur le rédacteur, que si la tentation d'aller en avant est vive pour le gou-

vernement français, il ne doit y céder qu'en se
rendant un compte exact des chances qu'il va courir et de l'importance des questions qui seraient
aussitôt soulevées. Que Dieu inspire ceux qui
sont chargés de prendre pour nous ces décisions
redoutables ! Nous avons peu d'influence sur leur
esprit et nous n'en avons aucune sur leur conduite ; nous ferons donc comme l'évêque l'Alger,
qui se contente de prier le ciel de verser sur eux
sa lumière.

Quoi qu'il arrive, toute incertitude sur la conduite du gouvernement français dans cette cir-
constance, et sur la question polonaise elle-
même, aura cessé avant l'époque probable de nos
élections générales.

Nous saurons, en effet, longtemps avant ce jour
ce que nous apporte cette insurrection de Pologne.
La question sera tranchée dans un sens ou dans
l'autre ; ou bien nous serons dès lors engagés dans
des événements si considérables, que nos élections
même auront peine à nous en distraire ; ou bien,
au contraire, tout sera fini, et la Pologne abandonnée à elle-même et retombée sous le joug,

pourra reprocher, non pas à nos ministres-orateurs, mais à notre presse semi-officielle de l'avoir abreuvée de vaines espérances.

L'extrême importance des questions que soulève l'insurrection polonaise ne doit point nous rendre inattentifs ou indifférents à tout ce qui se passe parmi nous ; je me reprocherais particulièrement, monsieur le rédacteur, de passer sous silence la pétition adressée au Sénat par nos ouvriers pour obtenir le droit légal de s'entendre et de s'unir au sujet du taux de leurs salaires. En d'autres termes, nos ouvriers demandaient l'introduction en France de la loi anglaise en ce qui touche les coalitions ; vous savez que cette loi, qui permet expressément aux ouvriers comme à leurs patrons de s'entendre, de s'unir, de se cotiser pour tâcher de fixer à leur gré le prix de leur travail, n'interdit et ne punit que la menace et la violence de la part de ceux qui se coalisent contre ceux qui refusent de s'associer à l'action commune. Je n'ai trouvé, je l'avoue, rien de nouveau ni de solide dans les objections qui ont été opposées à cette juste demande et qui ont décidé le

Sénat à la repousser. On prétend, par exemple,
que l'usage de cette liberté a été plus nuisible que
profitable aux ouvriers anglais, qu'ils ont matériellement plus perdu que gagné par leurs fréquentes grèves; que les patrons, plus riches et
plus unis, ont toujours fini par l'emporter dans
cette rivalité de patience et de sacrifices. Cette assertion manque de preuves, et l'on paraît tenir
trop peu compte des concessions que le désir d'é-
viter une grève a pu arracher aux maîtres sans
que les ouvriers eussent besoin de cesser le travail et d'aller jusqu'au bout de leur droit. On dit
encore que le taux des salaires est réglé par les lois
générales de l'offre et de la demande et que les
coalitions n'y peuvent rien.

Cela est vrai dans une certaine mesure; mais
cela est loin d'être absolument vrai. Oui, les lois
générales de l'offre et de la demande ont une influence décisive sur le taux des salaires; mais il
y a une certaine marge laissée à la volonté humaine, et c'est sur cette frontière mobile que lut-
tent les intérêts contraires du maître et de l'ou-
vrier. L'un veut étendre ses bénéfices le plus loin

qu'il est possible, l'autre veut tirer le plus haut
prix qu'il peut de son travail. Il faut prendre son
parti de cette lutte, qui est dans la nature des
choses, et la dépouiller de toute violence sans lui
rien enlever de sa liberté. Or, nul ne peut prétendre que notre loi sur les coalitions laisse subsister
cette liberté légitime. On ne peut nier que les ouvriers d'une même profession n'aient un intérêt
commun dans la fixation du taux de leur salaire.
Ériger en délit le seul fait de délibérer sur cet intérêt commun, et d'en faire sortir une résolution
commune, le seul fait de s'entendre pour mettre
ensemble le même prix à leur travail, déclarer que
cette action si naturelle est coupable et digne
d'une peine, alors même qu'elle est pure de toute
menace et de toute violence, voilà ce que fait la
loi actuelle ; et il me paraît bien difficile de con-
cilier les prescriptions de cette loi avec les règles
éternelles de la justice. Mais alors même que cette
injustice de la loi ne serait qu'apparente, je serais
vivement touché de l'effet que l'existence d'une
loi semblable doit inévitablement produire sur des
esprits simples et prompts à s'émouvoir. Les dé-

fenseurs de cette loi assurent que les ouvriers
anglais ont matériellement perdu à ne plus être
protégés contre leur propre liberté par une loi de
ce genre ; soit, mais ils ont moralement gagné à
ne pouvoir plus accuser la société et la loi de mettre obstacle à l'élévation de leur salaire. Ils ont
vu leurs prétentions échouer (lorsqu'elles étaient
excessives), non plus contre les gênes préventives
de la législation, mais contre la force des choses ;
leçon salutaire, qui vaut bien quelques souffrances, et qui contribue efficacement au maintien
de la paix publique.

On ne me persuadera pas que les ouvriers français n'aient pas autant d'esprit que ceux de l'Angleterre ; mais ils sont plus sensibles à tout ce qui
leur paraît contraire à la justice ou à l'égalité ; et
notre loi sur les coalitions, qui a droit à leur
obéissance aussi longtemps qu'elle existe, n'en
laisse pas moins, toutes les fois qu'on l'applique,
un mauvais levain au fond de leur cœur. Je crois,
en revanche, que nos journalistes officieux perdent leur peine et leur temps lorsqu'ils dénoncent
aux ouvriers M. Jules Favre comme un aristocrate

et un réactionnaire, parce qu'il a bien voulu approuver et soutenir notre vœu si modeste de voir l'électeur français tenu d'écrire lui-même son bulletin de vote. J'ai lu avec soin, monsieur le rédacteur, tous les articles publiés à ce sujet contre M. Jules Favre et contre nous, par la presse officieuse, que cette simple proposition a mise hors d'elle-même, et j'ai vu avec un vif plaisir qu'il n'y avait pas un argument sérieux dans ce flot d'invectives. C'est un signe bien clair de la bonté de notre cause, que de voir ces écrivains, plus démocrates que la démocratie, réduits à baptiser notre projet de réforme du nom d'*adjonction des capacités*, ou bien, ce qui n'est guère moins comique, entraînés à prétendre que nous voulons constituer, au sein de la nation, une *oligarchie*, oui, monsieur le rédacteur, l'*oligarchie* des gens sachant lire et écrire !

De pareils arguments, qui peuvent bien traîner impunément dans les colonnes de ces journaux (qui en ont vu bien d'autres !), mais que personne n'aurait le courage d'apporter à une tribune, équivalent à des aveux, monsieur le rédacteur, et

nous avons déjà cause gagnée dans l'opinion publique. Nous gagnerons un jour notre cause dans
la pratique même, et l'on s'étonnera seulement
que ce jour ait tardé si longtemps !

IX

M. Fould est-il responsable ? — D'une promesse qu'on veut ériger en conquête.
— Les candidats à la candidature officielle. — Grande bataille entre M. le
sénateur de la Guéronnière et M. le député Granier de Cassagnac.

15 mars 1865.

Monsieur,

J'ai reçu, à l'occasion de la dernière lettre que
j'ai eu l'honneur de vous écrire, une communication d'un honorable agriculteur de la Haute-Loire,
M. Doniol, dont je regrette vivement de ne pouvoir, pour plus d'une raison, vous proposer l'in-
sertion dans ce journal. M. Doniol, qui était un
vrai libéral sous la restauration, sans avoir cependant (sa lettre le prouve) le moindre préjugé contre
la dynastie de nos anciens rois, a été frappé de ce
que j'ai écrit sur le petit nombre des députés de

7

l'opposition dans la Chambre actuelle; il s'est
rappelé à ce sujet que quinze députés seulement
représentaient l'opposition libérale sous le ministère de M. de Villèle; qu'on raillait incessamment
ces députés de leur petit nombre; que, de leur
côté, ils en appelaient aux élections prochaines,
et que la France leur donna raison en les entou-
rant de cette majorité libérale qui apportait à la
restauration la paix ou la guerre dans les plis de
son manteau, et qui mit nettement le gouvernement d'alors en demeure de disparaître ou de se
transformer.

Sans avoir à craindre rien de semblable des élections prochaines, et en tenant compte surtout de
la confusion que les démêlés intérieurs de l'opposition ne peuvent manquer d'y produire, on peut
penser que l'isolement des députés de la gauche
va cesser et que la célèbre désignation des
cinq sortira de la politique active pour prendre
place dans l'histoire. En attendant le renfort que
leur enverra certainement la France, les *cinq*
remplissent de leur mieux leur devoir, et M. Émile
Ollivier vient de rendre un nouveau service au pu-

blic par un excellent discours. Il faut avouer que le gouvernement lui avait fait la tâche aisée en confessant lui-même l'irrégularité commise et en s'engageant à ne la plus renouveler. Cette confession était d'ailleurs plus facile à M. Magne qu'à tout autre, et on peut soupçonner que le ministre-orateur s'est acquitté de ce devoir si pénible sans en avoir le cœur déchiré. M. Magne peut, en effet, raconter le premier échec de notre nouveau système financier sans amour-propre d'auteur; il ne l'a ni conçu, ni proposé, ni appliqué; il est simplement chargé de le défendre. C'est à la suite de son ministère que les abus de l'ancien système ont rendu nécessaire la réforme à laquelle M. Fould a attaché son nom ; voici que cette réforme elle-même donne lieu à des irrégularités, au moins aussi graves, et, par un juste retour des choses d'ici-bas, c'est M. Magne qui se trouve chargé de défendre, c'est-à-dire de constater ces irrégularités devant la Chambre et devant le public. M. Fould avait dû expliquer au pays que, sous ses prédécesseurs, on s'était trouvé entraîné à décréter beaucoup trop de dépenses ; M. Magne a dû se résigner, à son tour, à confesser

que son successeur, privé du pouvoir de décréter ces
dépenses, n'en avait pas moins été contraint de les
faire. Quel était le rôle d'un député de l'opposition
devant cet instructif spectacle? Ce rôle était des plus
simples ; mais il faut savoir gré à M. Émile Ollivier de l'avoir parfaitement rempli. Rappeler les
promesses qui avaient accompagné l'inauguration
du nouveau système, en constater l'inexécution,
confessée par le gouvernement lui-même, rejeter
la responsabilité de cette déception nouvelle, non
pas tant sur la faute des hommes que sur l'état
des choses, démontrer une fois de plus que la conduite des finances est inséparable de la conduite
des affaires, voilà tout ce qu'un député de l'opposition pouvait faire, et M. Ollivier mérite nos remer-
cîments pour l'avoir fait.

Quoi de plus injuste, en effet, que de rendre
M. Fould responsable de ces dépenses irrégulières,
qui sont venues, dès le début de son système, en
troubler les prescriptions ! M. Fould ne s'était réservé que deux moyens légaux de faire face désormais aux dépenses extraordinaires : détourner
d'abord vers un nouvel usage, par un ou plusieurs

virements, des fonds votés pour certains services publics ; ensuite, si l'argent ainsi obtenu ne pouvait suffire, convoquer les Chambres, afin de faire face à tous les besoins avec leur concours. L'exercice du droit de virement n'ayant pas suffi à M. Fould, il a certainement dû avoir la pensée de convoquer les Chambres. C'était la seule voie légale qui lui fût ouverte pour sortir d'embarras. Nous ignorons ce qui l'a empêché de prendre ce chemin, et ce qui a obligé M. Fould à attendre l'époque inévitable de la session pour avouer l'irrégularité commise, en promettant de n'y plus retomber. J'avoue, monsieur le rédacteur, que je n'ai pu voir, sans sourire, je ne sais quel journaliste présenter cette nouvelle et inévitable *promesse*[1] comme une conquête mémorable, digne, ou peu s'en faut, de prendre place à côté de celles de 89, et d'autant plus précieuse, nous dit-on, qu'elle a été opérée sans violence par le touchant accord des pouvoirs publics. En vérité, entendre le gouvernement dé-

---

[1] Cette promesse elle-même n'a pu être tenue, et un remarquable rapport de M. Larrabure vient de constater de nouveau la violation du sénatus-consulte (janvier 1864).

clarer qu'il a été forcé, dès le premier pas, d'en-
freindre une règle qu'il s'est imposée, il y a un
an à lui-même ; l'entendre ajouter (et voulait-on
qu'il vînt dire le contraire ?) qu'il fera ses efforts
pour ne pas recommencer et pour exécuter désormais la loi, c'est faire une *conquête* ? Qu'en pensez-vous, monsieur le rédacteur ? Est-ce là le nom
que vous donneriez à la chose? Si cependant il
faut appeler cela une conquête, Dieu nous garde
d'en faire souvent de pareilles ! Dieu nous garde
surtout de nous en féliciter !

Ce qui mériterait vraiment le nom de conquête,
ce serait d'obtenir l'adoucissement des lois actuelles sur la presse, cet adoucissement ne fût-il
que temporaire et dût-il cesser après les élections.
On nous signale, à ce sujet, un précédent curieux
et digne d'être pris en considération aujourd'hui
par ceux qui nous gouvernent. Au mois de février 1822, on discutait à la Chambre des députés
un projet de loi qui autorisait le gouvernement à
rétablir temporairement la censure pendant l'intervalle des sessions, si les circonstances paraissaient exiger cette suspension momentanée de la

liberté de la presse. Mais l'article 4 de cette loi stipulait qu'en cas de dissolution de la Chambre, la censure cessait de plein droit d'exister. « En « effet, disait M. de Villèle en expliquant cette loi, « la dissolution est un appel à l'opinion publi- « que. Or, il y aurait contradiction manifeste « entre ces deux mesures; appel à l'opinion pu- « blique par la dissolution de la Chambre et op- « pression de l'opinion par la censure. »

Je sais, monsieur le rédacteur, qu'on se récrie très-fort à ce mot de *censure ;* que l'on est aujourd'hui, grâce aux progrès de l'esprit humain et particulièrement de la science des jurisconsultes, dispensé d'avoir recours à la censure ; mais pourquoi ceux-là même qui admirent le plus la législation actuelle sur la presse ne reconnaîtraient-ils point qu'il conviendrait de l'élargir et de l'adoucir à l'approche des élections générales? M. Baroche a dit un jour, si j'ai bonne mémoire, que plus les électeurs étaient nombreux, plus la liberté de la presse devait être restreinte. Je n'ai jamais pu comprendre ce raisonnement, ni saisir la raison de ce singulier antagonisme entre la liberté de la presse et le suffrage universel ; il me semble, au contraire, que le suffrage universel, pour être sérieusement mis en pratique, ne saurait se passer d'une liberté solide et étendue de la presse.

Me voilà encore conduit à vous parler des élections, monsieur le rédacteur, parce qu'en effet tout nous y ramène. Les élections attirent aujourd'hui les yeux de tout le monde pour mille raisons, parmi lesquelles la curiosité est loin d'occuper le dernier rang. Qu'en sortira-t-il, en effet ? Que faut-il en attendre ? Rien, selon les uns ; beaucoup selon les autres. Chose étrange ! le gouvernement paraît craindre plus d'échecs que l'opposition n'ose former d'espérances. Ce contraste s'explique pourtant si l'on songe, d'une part, aux difficultés qui entourent les candidatures opposantes ; et, de l'autre, au concert d'appréhensions et de plaintes dont le gouvernement est assailli par les candidats officiels, qui, craignant de ne pouvoir être nommés sans l'appui de l'administration, réclament à grands cris son concours. Vous savez, monsieur le rédacteur, que devenir candidat du gouvernement aux élections législatives, n'est point une affaire si simple qu'on l'imagine. La députation est aussi recherchée qu'aucune autre des places, dont le pouvoir dispose, si bien que, pour obtenir cette recommandation du gouvernement, qui paraît indispensable à beaucoup de nos députés, il faut être d'abord candidat à la candidature officielle ; il faut être d'abord élu par l'administration, qui donne ensuite son choix à ratifier aux électeurs. Vous devinez l'ardeur qui se déploie dans cette élection préparatoire , les compétitions qui s'agitent autour des siéges vacants ou capables de le devenir, le peu de charité de ces aspirants-candidats se jugeant les uns les autres, et surtout la façon plus que légère dont ils traitent, devant qui de droit, les chances de succès que leur concurrent prétend avoir. « Quoi ! disent-ils, « vous penseriez sérieusement à présenter un « tel? C'est donc un succès certain que vous « voulez préparer à l'opposition dans ce départ- « tement! Ignorez-vous combien cette opposition « est puissante? Ne vous a-t-on pas dit que « moi, moi seul, et encore bien appuyé par vous, « je suis en état de la vaincre? On vous écrit peut-

« être que vous pouvez présenter qui vous voudrez,
« que vous feriez passer tout le monde, l'empereur
« Charles-Quint, Frédéric II, Gustave-Adolphe ou
« même un homme aussi ridicule que mon con-
« current ; on vous trompe ; le pays n'est pas si
« commode ; je suis votre seule ressource dans
« ce coin de la France ; soyez sûr que vous courez
« à une défaite si vous ne m'adoptez... » Voilà
ce qu'entendent sans doute vingt fois par jour
ceux qui ont charge d'âmes au ministère de l'inté-
térieur en matière électorale et qui doivent choisir
en premier ressort les futurs représentants de la
France. Quoi d'étonnant s'ils finissent par croire
la vingtième partie de ce qu'ils écoutent, et s'ils
abordent avec quelque défiance un terrain sur
lequel on leur signale tant de périls ?

A vrai dire, ce terrain est inconnu de tout le
monde, et c'est ce qui met en lumière le dévouement de ces hommes considérables de nos anciennes
assemblées, qui ont pris, dit-on, la résolution pa-
triotique de s'y aventurer avec l'espoir de rendre un
service à la France. Non-seulement, il n'est guère
possible de savoir avant le dernier jour ce que fera

l'électeur ; mais il ne paraît guère plus aisé de prévoir ce que fera le gouvernement lui-même. Vous
.savez que, sur ce point, comme sur bien d'autres,
tout n'est encore que conjectures. Les deux plus
célèbres astrologues, parmi ceux qui se piquent de
lire notre avenir dans le ciel du gouvernement, *la
France* et *la Nation*, sont en opposition directe et
absolue sur cette grave affaire. Fier de la sûreté
de son coup d'œil, prouvé par une victoire récente,
M. de la Guéronnière nous rappelle que, M. Thouvenel étant encore ministre et tout le monde inclinant à croire prochaine l'évacuation de Rome, il
n'a jamais cessé, lui, vicomte de la Guéronnière,
de croire et de prédire que l'Empereur n'évacuerait
pas Rome et que ce serait plutôt M. Thouvenel
qui évacuerait le ministère.

Or, comment M. de la Guéronnière a-t-il eu
« cette clairvoyance des desseins de l'Empereur ?
« Ce n'est pas assurément qu'il en ait reçu la confi-
« dence ; non[1]. » C'est tout simplement qu'il les
devine. Cet heureux prophète paraît donc aujour-

_____

[1] *France* du 9 mars.

d'hui devant le public chargé d'une découverte
nouvelle : c'est que « l'Empereur est plus libéral
« que ses ministres, que son gouvernement et que
« les grands corps de l'État. » *La France* a donc raison, poursuit M. de la Guéronnière, de devancer
dans la politique intérieure, la pensée impériale,
« malgré les disgrâces et les menaces, » comme
elle l'a devancée dans la politique extérieure, sans
se laisser retenir par « les menaces de procès, les
« désaveux, les répressions administratives » suspendues sur sa tête.

Avant de dire la grande colère de *la Nation*,
bouleversée par cette prophétie solennelle, nous
ne pouvons nous empêcher de remarquer combien (tout en souhaitant qu'elle s'accomplisse)
nous trouvons cette prophétie singulière et peu
respectueuse pour le souverain dont on prétend
livrer ainsi au public la secrète pensée. Si l'Empereur était un souverain constitutionnel, régnant
sans gouverner et obligé de subir un ministère
que soutiendrait la majorité d'un Parlement, on
comprendrait, à la rigueur, que son ministère
allât d'un côté pendant que ses opinions et ses

sympathies iraient de l'autre ; mais représenter dans une situation pareille un souverain qui nomme et révoque ses ministres avec la plus entière liberté, qui ne doit compte à personne de leur élévation et de leur chute, qui est le maître absolu de sa politique, et qui leur en confie seulement l'exécution pour la partie qui les concerne, dire d'un tel souverain qu'il est *plus libéral que ses ministres*, ajouter qu'on bravera tout pour venir en aide à ce libéralisme latent, et qu'on s'exposera même pour l'encourager à la répression administrative et judiciaire, c'est accumuler en bien peu de mots les images les plus contradictoires, les plus inconstitutionnelles et, pour tout dire, les plus ridicules qu'on puisse imaginer.

Et cependant, comment ne pas croire que *la Nation* prend au sérieux cette révélation bizarre, lorsqu'on voit la colère dont elle est saisie et la façon dont M. Granier de Cassagnac traite M. de la Guéronnière ? Prétendre séparer de l'Empereur, s'écrie-t-il, ses ministres, son gouvernement, les grands corps de l'État, tous ceux qui l'entourent depuis douze années « de leur dévouement et de leur courage[1], » quelle entreprise ! Et qui ose ainsi jeter au rebut tout ce personnel de gouvernement, si constant et si fidèle, qu'on déclare brusquement moins libéral que l'Empereur ? C'est M. de la Guéronnière, c'est-à-dire quelqu'un « qui se trouvait « en personne parmi ceux qui, se défiant du libé- « lisme et des lumières du prince, protestèrent « contre l'acte libérateur du 2 décembre. »

Voilà les gros mots que M. Granier de Cassagnac laisse échapper contre son adversaire, car c'est un gros mot en politique que le souvenir d'un acte embarrassant jeté en pleine figure à un contra-dicteur. Puis, cette colère une fois épanchée, M. Granier de Cassagnac fait sur lui-même un re-tour mélancolique, et termine par ces paroles tou-chantes, qu'on croirait entendre prononcer d'une voix légèrement altérée par les larmes : « Sans « doute, le succès a ouvert depuis l'esprit de « M. de la Guéronnière ; il a été éclairé sur la route « des honneurs, comme saint Paul sur le chemin de « Damas ; mais ce n'est pas une raison suffisante,

____

[1] *Nation* du 10 mars.

« parce qu'on a compris la vérité le dernier jour,
« pour écarter dédaigneusement ceux qui l'ont vue
« d'avance. Lorsque les générations auront consa-
« cré la quatrième dynastie, l'histoire n'oubliera
« pas ceux dont les mains dévouées et modestes
« travaillèrent à ses premières assises ; et c'est un
« souvenir qui fera l'orgueil de leurs enfants. Que
« d'autres lèguent le succès à leurs familles ; il y
« en a qui tiennent surtout à leur léguer la fidé-
« lité et l'honneur. »

Je n'ai jamais tant regretté, monsieur le rédacteur, de ne pouvoir prétendre à écrire pour la postérité, ni même à lui recommander les écrits d'un
autre ; cette péroraison de M. Granier de Cassagnac est digne de parvenir à nos descendants, et
je voudrais trouver le moyen de la leur envoyer.

X

U'n beau roman de M. Tourguénef. — Les coalitions et les mésalliances. —
Félicité de la littérature agréable. — Souvenir de ce qui plaît aux dames.

29 mars 1863.

Monsieur,

Je ne connais rien de meilleur, pendant ces
premiers beaux jours du printemps, que d'avoir
un livre à la main, en allant par les rues vaquer
à ses affaires. Les romans, par exemple, lorsqu'ils
veulent bien se laisser lire, ont cela d'admirable
qu'ils nous font oublier pour un temps tout ce qui
nous entoure, ceux-là surtout qui nous emportent
en esprit sur une terre lointaine, au milieu d'é-
trangers. Je lisais donc avec un vif plaisir une
nouvelle de M. Tourguénef qui s'appelle : *Un Premier Amour*, et qui comptera parmi ses meilleurs

écrits. J'avoue mon faible pour cet auteur, pour les figures originales et vivantes dont il a peuplé ses ouvrages, pour ses héros si humains par leurs sentiments et si différents de nous par leurs mœurs, pour la mélancolie touchante de la plupart de ses récits; j'achevais donc le *Premier Amour*, et j'étais à mille lieues de Paris, quand ce vers d'Hamlet, cité en guise de conclusion par l'auteur :

Something is rotten in the state of Denmark,

me ramena brusquement dans mon pays et à mes affaires.

Oui, répétai-je tristement, il y a quelque chose de gâté (pour ne pas dire pis) dans nos affaires, et il suffit, pour le sentir, d'assister, même de loin, à la division toujours croissante des nuances diverses de l'opposition. L'excommunication va bon train dans les rangs de la gauche; et comme si les dissensions prévues ne suffisaient pas, on en voit d'autres aussi nombreuses, aussi ardentes que le *Constitutionnel* et ses confrères peuvent le désirer. Et pourtant ces journaux consciencieux, attachés à leur ouvrage, ne se tiennent pas pour contents de nos folies ; ils nous exhortent tous les jours à en commettre de nouvelles ; ils énumèrent (comme si nous étions, hélas ! trop pressés de les oublier) toutes les raisons que nous pouvons avoir de nous détester et de nous fuir les uns les autres ; ils ne peuvent voir deux honnêtes gens faire mine seulement de se donner la main sans réclamer au nom de la morale ; nous ne sommes que de la poussière, et ils soufflent sur cette poussière, espérant bien la tenir, jusqu'au bout de la lutte, dispersée aux quatre coins du ciel.

On ne peut en vouloir à ces journaux, puisqu'ils n'existent point pour autre chose, mais que dire des libéraux sincères qui rendent la tâche de ces journaux plus facile en plaidant avec conviction la même cause ? M. d'Alton-Shée a eu la courtoisie de m'envoyer en épreuves une spirituelle brochure dans laquelle il démontre, en me faisant l'honneur de me prendre à partie, qu'entre légitimistes, orléanistes et républicains (dénominations illégales, d'ailleurs, auxquelles je suis loin de souscrire), il ne saurait y avoir rien de

commun, pas même un effort d'un jour pour arriver à un résultat pratique et prochain. En outre,
ce résultat paraît trop mince à M. d'Alton-Shée
pour mériter le sacrifice que coûterait aux divers
partis une heure de concorde. « Une vingtaine de
voix opposantes, dit-il, sans cohésion, en dis-
sidence sur presque tous les points et la nomination de quelques-uns des orateurs des anciens
partis, voilà ce qu'on nous propose en échange
de l'oubli de tous nos principes, voilà le prix
de notre mésalliance. » M. d'Alton-Shée nous
paraît se faire, avec la meilleure foi du monde,
une double illusion sur ce qu'on lui offre et sur
ce qu'on lui demande; il est beaucoup trop
prompt à croire qu'il ferait un mauvais marché.
On ne lui demande d'abord l'oubli d'aucun de
ses principes; car si le nom de *démocrate* a un
sens, il veut dire avant tout ami du *pouvoir du
peuple;* or, les élections actuelles ne sauraient
avoir qu'un but aux yeux de tout homme sensé :
c'est d'accroître précisément la part du peuple
français dans la conduite de ses affaires. Voter
pour un candidat, quel qu'il soit, qui peut contri-

buer par son talent et par son zèle à augmenter cette faible part du pouvoir laissée au public, ou qui peut démontrer aux moins intelligents qu'on a tort de ne point l'accroître, c'est faire œuvre de *démocratie* aussi bien que de libéralisme dans le sens le plus irréprochable du mot. Quant à ce groupe de vingt opposants, semé de quelques orateurs, qui ne paraît pas valoir à M. d'Alton-Shée la peine qu'on se dérange, la colère et l'appréhension du *Constitutionnel* et de ses confrères, qui ne reculent devant aucune extrémité pour prévenir un tel accident, devraient avertir M. d'Alton-Shée que ce n'est point si peu de chose. Sans insister enfin sur le mot de *mésalliance*, j'oserai dire que, dans la politique comme dans la vie, et pour les partis comme pour les hommes, il vaut cent fois mieux se mésallier que de ne point faire d'enfants.

En vérité, monsieur le rédacteur, lorsqu'on s'agite, comme nous sommes réduits à le faire, entre le double jeu du *Constitutionnel* et de ceux qui, partageant l'opinion de M. d'Alton-Shée, ne l'expriment pas toujours avec autant d'esprit et

de politesse ; lorsque, de plus, on contemple
cette immense machine électorale, dont une autorité prévoyante graisse tous les rouages, et
qu'on entend déjà grincer ; lorsqu'on regarde à
loisir ces circonscriptions savamment tracées, ces
préfets pleins de zèle taillant leur plume, ces
gendarmes prêts à monter en selle, ces braves
maires de campagne, qui retroussent déjà leurs
manches pour compter les bulletins, ces impri-
meurs qui brûlent d'imprimer, ces autres impri-
meurs qui redoutent la clientèle, ces distributeurs de bulletins qui grillent de se mettre en
route, ces autres distributeurs qui aimeraient
mieux rester chez eux, ces journaux qui se sentiront plus audacieux qu'à l'ordinaire, ces autres
journaux qui se sentiront, s'il se peut, plus timides, l'attrait du repos devient bien vif, les arguments de M. d'Alton-Shée paraissent de plus
en plus persuasifs, ceux du *Constitutionnel* tout
à fait irrésistibles, et l'on se demande, s'il n'est
pas, en effet, meilleur et plus sage de laisser
tourner le monde à sa guise et de rentrer chacun
chez soi. J'ai toujours envié malgré moi les heu-

reux possesseurs de ces yachts légers et commodes,
qui, s'ils connaissaient leur bonheur, pourraient
passer leur vie entière sur les eaux, cherchant
les plus doux climats et les côtes les plus belles,
sans se donner le trouble d'avoir une patrie,
jetant aujourd'hui l'ancre, avec l'indifférence cu-
rieuse du voyageur, auprès d'une cité en deuil,
demain auprès d'une ville en fête, glissant sur
les flots comme l'oiseau de passage, insensibles à
tout, excepté au plaisir de vivre et au plaisir de voir.

Sans avoir un *yacht*, sans courir le monde, sans
quitter la France, qui nous empêche, monsieur
le rédacteur, de mener à peu près le même genre
de vie, d'abdiquer intérieurement, et sans dire
mot, la qualité de Français, d'être épicuriens et
rien autre chose, de fuir tout ce qui peut être
une peine, de rechercher uniquement le plaisir?
Qui nous empêche de nous ménager, loin de ces
agitations vaines, quelque paisible et inviolable
asile, et de tenir à distance toute pensée capable
de troubler notre repos? Chacun de nous peut
être épicurien à sa manière et choisir, selon son
penchant, le moyen le plus doux et le plus sûr

d'oublier ses devoirs envers son pays. On peut se délasser dans les arts, ou bien explorer le monde moral et chercher des émotions agréables dans les divers incidents de la vie, ou bien encore se cantonner dans les parties neutres de la république des lettres, s'y bâtir un de ces chalets qui n'attirent point la foudre, et s'y faire une de ces réputations qui n'offensent personne et qui mènent à tout. Qui nous empêche de nous vouer aux charades, aux proverbes, à l'épithalame, au roman vertueux, au drame moralisateur, à quelque autre de ces fabrications utiles qui ont un débouché aussi sûr et aussi vaste que l'eau de Cologne, qui achalandent un auteur comme une bonne maison, et lui rapportent un certain genre de gloire, accompagné d'un immense profit? Plus rien à démêler avec les ministres, avec les préfets, avec les juges, avec les partis, avec les journaux, avec le suffrage universel, avec le présent difficile et l'avenir obscur de notre pays. On glisse doucement vers tout ce qu'on désire :

Qui va là? . . . .
Messieurs, ami de tout le monde !

N'est-ce pas là, monsieur le rédacteur, une agréable existence. Pour moi, je l'avoue, je sens s'élever dans mon esprit plus d'une fois par jour la pensée de prendre ce prudent parti et de régler enfin ma vie sur ces sages exemples. Mais cette belle résolution ne tient guère, et le moindre choc, le moindre incident suffit pour la détruire. La rencontre d'un candidat officiel aux prochaines élections, l'entretien ou seulement la vue de quelque homme de bien qui n'a pas désespéré de la liberté, la lecture d'une belle page de notre histoire, une statue, un tableau, moins que cela, un nuage qui passe, un oiseau qui vole, me ramènent, par un enchaînement d'idées, toujours le même et toujours invincible, à l'état de notre pays, et au devoir de tous ceux de ses enfants qui peuvent lui venir en aide. Que nos craintes, que nos dégoûts, que nos rivalités et nos divisions sont misérables à côté de ce devoir! Et combien nos scrupules et nos lenteurs à nous entendre pour le mieux remplir sont hors de saison et ridicules! A qui le mot de coalition ferait-il peur s'il s'agissait de la défense du territoire? A qui ferait-il peur si la propriété paraissait menacée d'un imminent péril? Et par quel argument peut-on nous persuader, au nom du ciel, que la liberté n'est pas aussi nécessaire à la patrie, aussi digne d'être revendiquée ou défendue que l'intégrité du territoire? N'est-elle pas aussi une propriété, aussi sacrée que l'autre, aussi indispensable que l'autre à la vie morale et à la sécurité matérielle des nations?

Il faut donc songer, tous tant que nous sommes, à nos obligations envers la France, et ne point prendre le succès probable de nos efforts pour la mesure de nos devoirs. Quoi qu'on en dise, il n'y a point de honte à être vaincu dans une lutte de ce genre; on n'a jamais à rougir d'avoir tenté plus qu'on ne pouvait faire en faveur de son pays. Quant au dommage, je me demande sérieusement ce qu'il peut être et ce que nous avons à perdre. Qui sait enfin si notre effort sera tout à fait stérile, et si nous ne serons pas récompensés par quelque heureuse surprise de n'avoir point reculé devant le moins séduisant des champs de bataille. Le hasard m'a fait relire ce

matin un des contes les plus spirituels de Voltaire. Il s'agit d'un chevalier qui, pour sauver sa
vie, a pris envers une très-vieille femme un enga-
gement des plus délicats, mais des plus redoutables.
L'honnête Robert frémit à l'idée de tenir sa parole, et pourtant l'idée d'y manquer lui est plus
insupportable encore. Il va donc accomplir son
devoir, lorsque tout à coup la triste chaumière de son
horrible épouse devient le plus beau château du
monde, tandis que la métamorphose de cette épouse
est aussi complète et plus agréable encore :

> Tout est à vous, ce palais et moi-même,
> Possédez-les, dit-elle à son vainqueur ;
> Vous n'avez point dédaigné la laideur,
> Vous méritez que la beauté vous aime.

Qui sait, monsieur le rédacteur, si nous ne ver-
rons pas un pareil miracle? A peine d'ailleurs serait-ce un miracle, car la glorieuse épouse que je
ne veux point qu'on abandonne, est immortelle, et
on l'a déjà vue bien souvent changer subitement de
figure.

XI

MORITURI TE SALUTANT. — Il est plus difficile pour un député du gouvernement de connaître son devoir que de le faire. — Nouveau plan d'Histoire romaine.

10 mai 1863.

Monsieur,

Vous n'avez pas oublié, sans doute, le tableau dans lequel M. Gérôme a mis en action la fameuse parole : *Morituri te salutant.* Vous vous rappelez ce groupe sacrifié, défilant les armes à la main devant un maître impassible et faisant à la fois ses adieux à César et à la vie. Notre Chambre élective a vu quelque chose de semblable ; elle a vu se lever, pour prendre congé de la vie législative, ceux de ses membres qui se savent marqués pour un prochain sacrifice. On a entendu quelques-uns d'entre eux demander la cause de leur

disgrâce et s'étonner de leur sort; d'autres ac-
ceptent fièrement leur situation nouvelle et se pré-
parent à combattre; bien peu d'entre eux sont
assez téméraires pour espérer la victoire, car ils
savent mieux que personne à qui ils ont affaire,
et combien grande est la force qui, employée naguère à les élever, va s'appliquer aujourd'hui à
les détruire. Il en est plus d'un, sans doute, qui
ne s'était pas rendu un compte exact, avant ce
jour d'épreuve, de la part qui revenait à l'administration dans sa victoire électorale; quelle erreur plus naturelle que d'attribuer nos succès,
moins à la faveur des dieux qu'à nos propres mérites! Mais il n'est rien de tel, pour sentir le prix
d'un allié méconnu, que de le voir se tourner
contre nous, et que d'être réduit à le combattre.
La lumière est faite dans l'esprit de ces élus de
1857, qui sont devenus les proscrits de 1863; ils
savent, à n'en pouvoir douter, qu'ils vont être
traités comme ils ont vu jadis traiter leurs adversaires, et cette triste pensée les remplit d'une
juste inquiétude. Ils craignent aujourd'hui de ne
pas peser beaucoup plus devant l'administration

que les contemporains de Noé n'ont pesé devant l'Éternel, lorsqu'il plut à leur créateur de se repentir de son ouvrage et de lâcher sur eux les eaux du ciel.

Mais cette divinité puissante, qui, sous le nom d'administration, tient le cœur des Français dans sa main, recueille tous les jours leurs vœux et décide de leur destinée, parle aujourd'hui un langage modeste, et c'est dans les termes les plus doux qu'elle rend les plus redoutés de ses oracles. M. le président du conseil d'État a daigné dire à ces législateurs, déjà languissants de leur mort prochaine, quelle est la règle de l'administration dans le choix qu'elle veut bien faire des personnes qui lui paraissent les plus capables et les plus dignes de nous représenter. Cette règle, c'est de découvrir l'heureux citoyen qui a déjà toutes les sympathies de la population et de venir aussitôt en aide à ces sympathies en recommandant énergiquement aux suffrages des électeurs cet homme déjà chéri du public. Peine superflue, aurait-on pu répondre, car cette sympathie, si elle existe, peut bien se passer, pour se faire jour, du secours de l'administration. Mais combien d'autres réponses plus directes et plus pénétrantes pouvaient être faites à M. le président du conseil d'État! Quels exemples on pouvait lui citer d'une certaine divergence entre le choix du gouvernement et la sympathie des électeurs !

J'avoue que parmi ces proscrits qui ont perdu en même temps, par une singulière coïncidence, les bonnes grâces de l'administration et les sympathies des électeurs, il en est quelques-uns dont la bonne foi me touche et dont je souhaite ardemment le succès aux élections prochaines. Ai-je besoin de vous dire que M. de Pierres est de ce nombre? L'excellent discours que M. de Pierres a prononcé, en défilant à son rang parmi les ombres et en venant exhaler ce que M. Kolb-Bernard a si bien appelé « le dernier souffle de son existence législative » est digne par la justesse de la pensée et par l'originalité de la forme, de prendre place à côté de ses harangues antérieures, et ce n'est pas peu dire. Vous souvenez-vous de ce discours dans lequel M. de Pierres a tout à coup déclaré qu'il comprenait enfin l'institution d'un cabinet responsable placé entre le souverain et le parlement, et qu'il devait aux institutions actuelles cette nouvelle lumière ? Cette fois, cet orateur, si sensé sous des formes naïves, est venu confier à ses collègues que s'il était presque impossible de revenir à la Chambre sans l'appui de l'administration, il n'était pas moins difficile de suivre d'assez près les variations de la politique administrative pour être assuré d'un perpétuel accord. Quand faut-il être Italien? Combien de temps faut-il être Polonais? Quel jour convient-il d'être papiste, pour ne l'être ni trop tôt ni trop tard? Comment revêtir successivement tant de figures, et ne jamais les prendre ou les garder à contre-temps ? Voilà les problèmes qui agitaient la pensée de M. de Pierres et qu'il soumettait avec une imperturbable candeur aux lumières de notre représentation nationale.

Nul n'a répondu, et ce n'est pas nous qui nous chargerons de répondre, car jamais question plus difficile n'a été proposée à la prudence humaine. J'ose dire que le chemin du salut, pour un chrétien qui veut arriver au ciel, paraît plus aisé à

suivre que le chemin de la réélection pour un député qui veut revenir à la Chambre. Dieu veut, en
effet, toujours la même chose, et on sait clairement ce qu'il veut ; si bien que le servir avec succès est une affaire de courage et de persévérance.
Mais les volontés de l'administration sont moins
constantes et moins claires ; il ne suffit pas d'être
résolu à bien remplir son devoir envers elle, il
faut encore le bien connaître. On ne s'expose point
à déplaire à Dieu en étant trop ardent dans la foi,
dans l'espérance ou dans la charité ; ce sont là des
commandements qui ne changent point, et on ne
court jamais le risque de les suivre avec trop de
zèle ou de les appliquer à contre-temps. En revanche, on peut être avec intempérance ou mal à
propos, pour ou contre le système des virements,
pour ou contre le pape, pour ou contre la Pologne,
pour ou contre les dotations héréditaires accolées
aux nouveaux titres de noblesse. Au milieu de
tant d'incertitudes, heureux celui qui ne s'est distingué par aucun sentiment particulier, par aucun
mouvement de vanité, par aucun excès de zèle,
qui a modestement tenu son rang dans la foule,

n'étant remarqué de personne et ne se piquant de rien! Il recueille aujourd'hui le prix de sa sagesse; il est obscurément sauvé parmi les élus; il ne va pas rejoindre dans l'abîme des ténèbres extérieures les vingt-quatre réprouvés dont le *Correspondant* a naguère publié les noms.

Liste peu rassurante pour les amis du pouvoir temporel du saint-siége, car elle ne contient que des noms agréables à l'Église, devenus, on ne sait pourquoi, désagréables à l'administration. « Tous les quatre-vingt-onze ne sont pas exclus, dit spirituellement le *Correspondant*, mais tous les exclus sont des quatre-vingt-onze. » Est-ce un simple effet du hasard, ou bien la nouvelle Chambre, purgée de ce faible élément d'opposition religieuse, verra-t-elle renaître ces projets d'arrangement entre Rome et Turin, que le remplacement de M. Thouvenel paraissait avoir indéfiniment ajournés? Ce changement de ministre, ce retrait de l'*ultimatum* qu'on avait respectueusement signifié au saint-siége, ce silence sur la question romaine n'avaient-ils pour objet que de pacifier les esprits, à l'ouverture de la période électorale; et ce but

une fois atteint, la politique italienne que M. Thouvenel passait pour représenter va-t-elle reprendre
son cours ? Graves questions que les catholiques ne
peuvent éviter de se poser à eux-mêmes, toutes les
fois que leurs yeux s'arrêtent sur les noms signi-
ficatifs qu'ils voient rayé du rôle de nos législateurs.

L'éloquent discours prononcé par M. Jules Favre
sur les avantages de notre éducation classique,
m'a fait lire toute la séance dans laquelle cette
éducation a été si vivement attaquée. J'ai donc
écouté de nouveau ces plaintes et ces craintes,
déjà si anciennes, sur le mauvais exemple d'Harmodius et d'Aristogiton, renouvelé par Brutus, et
je n'ai pu m'empêcher de trouver de telles appréhensions bien chimériques. Pour un électeur, en
effet, qui connaît les noms de Pisistrate et d'Aristogiton, combien y en a-t-il qui les ignorent ? Nos
circonscriptions électorales ne sont-elles pas tracées de telle sorte qu'un électeur qui a entendu
parler de Brutus vote d'ordinaire avec vingt électeurs qui ne pourraient épeler ni ce nom-là ni aucun autre ? Qu'ont donc à craindre ces honorables

orateurs que le souvenir d'Harmodius et d'Aristogiton vient agiter sur leur banc au point de leur
arracher un discours?

J'ai cependant réfléchi sur leurs paroles, et je
crois avoir trouvé un moyen de guérir ou du
moins d'atténuer le mal dont ils se plaignent.
Supprimer l'histoire dans l'éducation de la jeunesse est vraiment difficile, et l'altérer trop gra-
vement dans ses traits principaux, c'est s'exposer
à l'incrédulité et au ridicule. On se souvient, par
exemple, qu'il se trouva, en 1815, des amis de la
Restauration assez sots pour croire que l'histoire
véridique et sincère de l'empire pouvait faire quelque tort au nouveau régime; et ils s'imaginèrent
avoir fait merveille en essayant de persuader à
l'enfance que Napoléon Bonaparte était lieutenant
général des armées de Louis XVIII. Je ne veux
proposer rien de semblable aux ennemis de l'éducation classique, ni remplacer par des fables trop
faciles à démentir l'histoire d'Harmodius, de Brutus et de leurs pareils. Je leur offrirais plutôt de
mêler (s'ils le trouvent bon), au récit fidèle des
événements, quelques réflexions opportunes et

propres à faire sur les jeunes esprits une impression salutaire. Après avoir raconté, par exemple,
l'affaire de la chaste Lucrèce, saisie et expropriée
par le fils de Tarquin le Superbe, j'ajouterais que
Brutus et ses amis eurent le tort de ne point comprendre qu'il s'agissait d'une mesure administrative, et qu'ils n'étaient point compétents pour
la juger, encore moins pour la punir. En ra-
contant l'histoire de Catilina et de plusieurs
autres qui ont devancé leur temps à force de
génie, et qui ont tenté avant César de ruiner la
république romaine pour établir sur ses débris
l'autorité d'un seul, je dirais qu'ils se perdi-
rent par de vains scrupules et par trop de sincérité, en menaçant au lieu d'agir. Je sème-
rais ainsi de sages maximes toute l'histoire grecque et toute l'histoire romaine, jusqu'à l'époque
des Césars, où ma tâche serait bien simplifiée,
parce que la suite de cette histoire a déjà été
accommodée de cette manière dans d'excellents
livres.

Mais peut-être ce sage arrangement de l'histoire viendrait-il trop tard pour faire impression

sur de jeunes esprits, si on ne les habituait dès l'enfance à considérer toute chose de la même manière, c'est-à-dire à mettre l'utile et l'agréable au-dessus du juste et du beau. Je ferais donc composer, à ce point de vue, de petites anecdotes morales à l'usage du premier âge, si bien que nos enfants pourraient apprendre en même temps à lire et à penser de la façon qui paraît souhaitable aux ennemis de l'éducation classique.

Je ne doute pas, monsieur, qu'ainsi préparés par de bonnes lectures, ces jeunes esprits n'entrent avec ardeur dans les principes d'histoire et de morale que je vous exposais tout à l'heure, et qu'ils ne tirent de cette étude toute nouvelle de l'antiquité un suc fortifiant et salutaire, au lieu de ce poison républicain dont nous avons été abreuvés dans notre jeunesse. On ne peut penser sans quelque attendrissement à la brillante et paisible entrée que fera cette sage génération dans le monde. Ce sera vraiment le commencement de l'âge d'or. Plus d'avertissements à donner aux journaux, plus de peine à

prendre pour les élections! Une houlette, ornée
de rubans roses, suffira aux conducteurs des
peuples, et ils me devront en partie ces doux
loisirs; moins encore à moi, cependant, qu'aux
esprits clairvoyants qui ont enfin éveillé l'attention générale sur les principes anarchiques
transmis jusqu'à nous de génération en génération par l'histoire mal faite de Rome et d'A-
thènes.

XII

Quelques documents relatifs aux élections de 1863.

Mai et juin 1863.

Aux élections générales de 1863, M. Prevost-Paradol fut amené à accepter une candidature dans la sixième circonscription du département de la Seine. *Le Siècle*, *l'Opinion nationale* et *la Presse*, étroitement unis pour faire passer une liste commune, présentaient M. Guéroult aux suffrages des électeurs. Malgré cette concurrence redoutable M. Prevost-Paradol accepta le généreux désistement de M. Vavin en sa faveur, et les deux lettres suivantes furent publiées dans *le Journal des Débats* du 18 mai. La lettre de M. Vavin était adressée aux rédacteurs en chef des journaux de Paris :

« Paris, le 17 mai 1863.

« Monsieur,

« Des électeurs de la 6ᵉ circonscription de Paris

m'ont fait savoir qu'ils étaient disposés à voter pour moi aux prochaines élections.

« Rien ne pouvait m'être plus flatteur qu'un pareil témoignage de la part de citoyens que j'ai eu l'insigne honneur de représenter pendant de longues années.

« Mais il m'a semblé que, pour en être tout à fait digne, il fallait surtout se préoccuper de l'intérêt public et savoir s'effacer pour faire place à ceux dont la nomination pouvait être le plus conforme à cet intérêt.

« Sous l'empire de ces sentiments, j'ai pensé que l'avénement d'un jeune et éminent écrivain, dévoué aux idées sages et franchement libérales, serait une véritable bonne fortune ; j'ai pensé que ce serait un gage donné à la jeunesse éclairée et patriote, un encouragement pour elle, en même temps qu'une garantie pour l'avenir du pays.

« En conséquence, je me suis décidé à voter pour M. Prevost-Paradol, et j'invite tous mes amis à lui donner leurs suffrages.

« Veuillez agréer, monsieur, l'assurance de mes sentiments distingués.

« VAVIN, ancien député. »

Voici la réponse adressée par M. Prevost-Paradol à la lettre qui précède :

« Monsieur,

« J'ai lu avec une vive gratitude la lettre par laquelle

vous venez de vous désister en ma faveur de votre candidature dans la 6ᵉ circonscription du département de la Seine.

« Aucun nom n'était plus naturellement indiqué que le vôtre à la sympathie des électeurs, et en 1857 ils ont témoigné, en vous donnant plus de 8,000 suffrages, de leur désir bien légitime de vous voir rentrer dans la vie publique. Vous me confiez aujourd'hui ce fardeau, et je l'accepte ; vous cherchez à réunir sur mon nom ces sympathies et ces suffrages, et je tâcherai de les mériter.

« Quel que soit le succès de nos communs efforts, je n'oublierai jamais l'honneur que vous me faites en me donnant une telle marque de votre estime. Votre désignation est la meilleure récompense que je puisse recevoir pour les luttes que j'ai déjà soutenues en faveur de la liberté ; c'est le meilleur encouragement à marcher dans ce droit chemin, où l'on rencontre tôt ou tard l'appui des honnêtes gens et l'assentiment du pays.

« Veuillez agréer, monsieur, l'assurance de mon respectueux attachement.

« PREVOST-PARADOL. »

Cette candidature une fois acceptée, M. Prevost-Paradol adressa aux électeurs de la 6ᵉ circonscription la circulaire suivante :

« Électeurs,

« Je ne suis pas tout à fait un inconnu pour vous ; j'ose espérer, et c'est mon principal titre à vos suffrages,

que la plupart de ceux qui se sont intéressés depuis sept
ans aux épreuves de la liberté en France ont entendu
prononcer mon nom.

« Je ne me suis pas contenté de défendre la liberté
d'écrire, j'ai toujours cherché à faire de la presse un pa-
triotique usage ; je n'ai pas cessé un seul jour d'exhorter
tous les partis à la concorde, en leur montrant, dans le
développement des libertés publiques, le devoir le plus
urgent et le plus digne de leurs communs efforts. Vous
savez que je mets au premier rang de ces libertés le droit
que doivent avoir vos représentants d'intervenir en temps
utile et avec efficacité dans la direction de nos affaires.

« Il se trouvera des gens pour vous dire que je suis
un factieux ; d'autres vous diront au contraire que je
suis trop modéré et que je n'entends rien à la liberté véritable. Ceux qui tiennent ce langage se trompent ou vous
trompent. Je respecte les lois du pays, et j'ai l'habitude
de garder ma parole ; je ne crois pas non plus que
l'amour de la liberté soit incompatible avec le goût de
l'ordre et avec les règles du bon sens. Élever et honorer
la démocratie française en l'associant à une liberté désormais inébranlable, voilà le premier de nos devoirs, et
c'est aussi le premier de mes vœux.

« Vous m'entendrez peut-être reprocher de ne pas
songer assez à la liberté des peuples étrangers et de
m'occuper exclusivement de la France. Ma première
pensée, je l'avoue, est toujours pour mon pays, et je ne
recherche pas, en l'exhortant sans cesse à la guerre,

une popularité trop facile ; mais ceux qui me connaissent savent que la liberté de tous les opprimés m'est chère, et que je souhaite ardemment, pour tous les peuples qui l'attendent encore, l'avénement de la justice.

« Électeurs ! vous êtes libres dans vos choix, et il n'appartient à personne de peser sur vos suffrages. Vous régnez dans votre circonscription, et personne n'a le droit de vous y courber sous une prétendue discipline. C'est à vous d'envoyer à la Chambre l'homme dont les opinions se rapprochent le plus des vôtres et dont la conduite vous paraît la plus digne de vos sympathies. Si vous m'honorez de votre mandat, le courage ne me fera pas défaut pour le remplir.

D'un autre côté, plusieurs personnes influentes, appartenant à l'opinion démocratique, dans le département de la Dordogne, pensèrent que la multiplicité des candidatures parmi les amis du gouvernement donnait à l'opposition quelques chances de succès. Pour rendre cependant ce succès possible il fallait un candidat qui pût réunir aux voix du parti démocratique le suffrage de toutes les fractions modérées de l'opinion libérale. C'est alors qu'on songea à M. Prevost-Paradol, qui, en acceptant ce devoir imprévu, déclara que son

unique but était de ne pas refuser une chance de
plus au succès de l'opposition dans la Dordogne,
mais qu'il resterait prêt jusqu'au bout à se désister
de sa candidature si un autre nom que le sien paraissait capable de rallier dans cette circonscription les nuances diverses de l'opinion libérale. Ayant
accepté, M. Prevost-Paradol adressa aux électeurs
de la 1ʳᵉ circonscription de la Dordogne la circulaire suivante :

« Électeurs,

« Plusieurs hommes d'opinions diverses, mais unis
par un amour commun de la liberté, m'ont engagé à
m'offrir à vos suffrages et à rechercher l'honneur de
vous représenter à la Chambre, parce qu'ils savent que
je n'appartiens exclusivement à aucun parti, et que
je mets les intérêts de la liberté au-dessus de tout le
reste.

« Si vous me confiez ce mandat, j'en ferai un ferme
et loyal usage. Je m'efforcerai sans relâche de réduire
les charges de plus en plus lourdes imposées à la nation
et de maintenir la paix au dehors aussi longtemps qu'elle
pourra être honorable ; je ne négligerai surtout aucun
moyen légal d'accroître les pouvoirs de notre représentation nationale, et de réclamer pour les députés de la
France le droit d'intervenir avec efficacité dans la direction de ses affaires.

« Voulez-vous, oui ou non, le retour de la liberté, ré-
glée par des lois sages mais entourée de garanties in-
violables? Voilà la véritable question qu'il s'agit de
trancher, en votant pour moi ou pour le candidat, quel
qu'il soit, que l'administration vous présente.

« Soyez donc bien persuadés que je n'apporte dans
cette lutte aucune ambition personnelle : la question qui
est en jeu dépasse de beaucoup, non-seulement mon
nom, mais les noms les plus illustres ; et si vous la déci-
dez contre mes vœux, je le regretterai pour le pays plutôt que pour moi-même.

« Si vous voulez donc un député docile à toutes les
inspirations du pouvoir, ne mettez pas mon nom dans
l'urne électorale, car je n'accepterais un tel mandat ni
de vous ni de personne.

« Mais si vous voulez que votre département, connu
jadis par ses opinions libérales et par son amour du progrès, envoie à la Chambre un député dévoué à la liberté
et aux intérêts généraux de la France, et prêt à les
servir au prix de tous les sacrifices, vous pouvez m'élire
avec confiance ; je serai fier d'être votre mandataire,
et vous n'aurez pas, je vous le jure, à rougir de votre
représentant. »

Ces deux candidatures aboutirent à un double
échec qui a été bien loin d'affaiblir chez M. Prevost-Paradol sa profonde gratitude pour le concours qu'il a rencontré parmi les personnes hono-

rables et éclairées appartenant aux fractions les plus diverses de l'opinion libérale. M. Prevost-Paradol n'oubliera jamais, en particulier, l'accueil fraternel qu'il a reçu parmi les libéraux de la Dordogne, et l'émotion, mêlée d'une fierté involontaire, qu'il n'a pu s'empêcher de ressentir, en se voyant appelé et adopté comme candidat par des hommes dont il a pu apprécier le patriotisme, l'inflexible désintéressement et le courage. Voici le résultat de ces deux élections : A Paris, M. Prevost-Paradol ayant obtenu 2,236 voix, tandis que M. Guéroult en obtenait 11,017, se retira de la lutte après le premier tour de scrutin, et le candidat des trois journaux réunis fut élu à une majorité considérable. Dans la Dordogne, le candidat du gouvernement fut élu au premier tour, et M. Prevost-Paradol réunit 2,695 voix.

Le journal *la Presse*, exclusivement préoccupé du succès intégral de la liste présentée par les trois journaux, avait attaqué avec vivacité la candidature de M. Prevost-Paradol. Quelques-unes des remarques de *la Presse* ayant inspiré à M. Prevost-Paradol le désir de répondre, M. Émile de Girardin

eut l'obligeance et l'impartialité d'ouvrir les colonnes de *la Presse* aux deux lettres suivantes, qui
termineront cette courte série de documents relatifs aux élections de 1863.

« Paris, le 3 juin 1863.

« Monsieur,

« C'est, dit-on, une tradition de *la Presse* que de ne
pas étouffer la voix de ceux qu'elle attaque ; je compte
sur votre impartialité pour laisser ma réponse arriver
jusqu'à vos lecteurs.

« Vous vous félicitiez hier, pour la seconde fois, de
vous être opposé à l'admission de mon nom sur la liste
qui vient de triompher à Paris, et, bien que le motif de
cette hostilité m'échappe, je n'ai aucune raison pour ne
pas vous croire. Je n'ai aucune raison non plus pour
m'en plaindre, et si, en contribuant à m'écarter de la
Chambre nouvelle, vous avez cru, en conscience, faire
une action juste et utile au pays, je ne songe à vous en
contester ni le plaisir ni l'honneur.

« Mais ce qu'il m'est difficile d'endurer, sans essayer
au moins de me faire entendre, c'est cette accusation
singulière de représenter le *passé* que je retrouve sur
vos lèvres au lendemain même de la lutte électorale, et
lorsqu'elle est devenue inutile au succès de votre cause.
Je pourrais demander à quel titre je représente le passé
plus que M. Thiers, ancien président du conseil ; plus
que mon honorable concurrent M. Guéroult, ancien

consul de France; plus que vous-même, monsieur, député conservateur sous la monarchie de Juillet.

« Je ne suis tenté, cependant, de me comparer, encore moins de me préférer à personne; mais je puis
dire, sans manquer à la vérité ni à la justice, que
depuis six ans que j'ai pris la plume, au milieu
du découragement général je n'ai pas écrit une ligne
qui ne fût inspirée par l'amer regret et par l'ardent
désir de la liberté. Lorsque la plupart des Français
croyaient devoir garder le silence, j'ai défendu la
liberté de la presse, la liberté des cultes, la liberté individuelle contre les lois d'exception, la sincérité du suffrage universel ; je n'ai cessé surtout
d'élever la voix pour la réforme de nos institutions judiciaires; et il n'y a guère plus d'un mois qu'un honorable député de Paris (qui n'accusait pas alors mon
libéralisme de tiédeur) me louait à la Chambre d'avoir
combattu de fâcheuses modifications dans notre loi pénale. Enfin, monsieur, je puis ajouter, sans crainte
d'être contredit par personne, que si quelqu'un a conseillé, annoncé et recommandé depuis six ans jusqu'à
ce jour cette union libérale dont vous célébrez aujour-
d'hui le triomphe, c'est celui qui a aujourd'hui l'honneur de vous écrire. Si, en suivant une telle conduite,
on est à trente-trois ans un homme du passé, j'ignore,
je l'avoue, comment il faut s'y prendre pour être un
homme de l'avenir.

« Encore une fois, monsieur, je ne songe pas à m'en
plaindre, je sais que c'est la marche ordinaire des

choses humaines, qu'il appartient aux uns de semer, à d'autres de recueillir, et qu'il ne suffit point, selon le proverbe, d'avoir été à la peine pour être à l'honneur. Mais ce n'est point là, croyez-le, ce qui m'occupe aujourd'hui. Le succès de mes opinions me touche de plus près que mon échec personnel, et je serais tout entier à la joie de la victoire éclatante que l'opposition vient de remporter, si vous ne m'en aviez distrait un instant en m'obligeant à me défendre. Je n'aurais pas même pris ce soin, monsieur, si cette accusation d'être un homme du passé n'avait particulièrement le don de m'émouvoir, parce que j'en sens toute l'injustice et que tout en moi la dément.

« Veuillez excuser, monsieur, la longueur de cette lettre et agréer l'assurance de ma considération distinguée.

« PREVOST-PARADOL. »

« 6 juin 1863.

« Monsieur,

« Vous avez publié ma lettre et je vous en remercie; vous l'avez discutée en m'invitant à vous répondre, et je vous réponds, sans aucun goût, je vous l'assure, pour ces discussions personnelles que je n'ai jamais recherchées ni commencées, mais qu'il est parfois impossible d'éviter, surtout lorsqu'on n'a aucun motif pour les craindre.

« La question se réduit d'ailleurs à bien peu de chose, puisque c'est ma collaboration au *Journal des Débats* qui est mon principal crime, et qu'à vos yeux c'est *la*

collection tout entière de ce journal qui dépose contre
moi. Je ne me serais jamais attendu, monsieur, à me
voir responsable d'articles écrits avant que je fusse au
monde, et de soixante années de polémique soutenue
sous les régimes les plus divers par plusieurs générations d'écrivains. Vous savez pourtant que les journaux
n'échappent pas plus que les hommes aux effets de l'expérience et du temps : *le Siècle* de M. Havin n'est pas
le Siècle de M. Chambolle; *le Constitutionnel* est bien
loin de M. Étienne; *la Presse*, elle-même (et je ne
songe pas à vous le reprocher), n'est pas le journal mo-
narchique et conservateur que vous avez fondé. Pour
nous en tenir aux *Débats*, laissez-moi citer, sans les discuter, vos propres paroles : « Quel journal, dites-vous,
« fut plus opposé à la liberté de l'enseignement? quel
« journal a été plus hostile au droit de réunion? quel
« journal a plus applaudi à l'expulsion des jésuites, à la
« flétrissure des légitimistes? » — Eh bien, monsieur,
c'est dans ce même journal que j'ai pu appuyer la liberté de l'enseignement, défendre le droit de réunion,
blâmer la dissolution de la société de Saint-Vincent de
Paul, traiter enfin les légitimistes avec plus d'égards et
d'équité qu'ils n'en ont rencontré nulle part. Bien plus,
c'est dans ce même journal que j'ai pu demander, non
pas une fois, mais sans cesse, la décentralisation administrative, l'abolition du célèbre article 75 de la constitution de l'an VIII, la séparation de l'Église et de l'État,
le changement du mode actuel d'avancement et de recrutement dans la magistrature. On peut donc écrire

dans *le Journal des Débats* sans perdre le nom de libéral, et mon ami, M. Laboulaye, que vous ne songiez pas à écarter de votre liste, en est comme moi la preuve. Vous le jugez seulement sur ses écrits ; pourquoi me refuser la même faveur ou plutôt la même justice ?

« Mais, dites-vous, vos écrits vous condamnent, car vous avez loué les lois de septembre. — En vérité, monsieur, je n'ai plus besoin de me défendre sur cette accusation singulière, puisque vous avez eu la loyauté de citer vous-même le passage sur lequel vous l'aviez fondée.[1].

« Je m'en remets donc à tout lecteur de bonne foi

[1] Voici ce passage : « Entre le décret de 1852 et *cette incompréhensible liberté illimitée dont on nous fatigue*, il y a place pour un nombre infini de lois équitables et praticables sur la presse. Enfin, nous n'étions pas précisément un peuple barbare avant le décret de 1852, et il y a dans notre législation antérieure sur la presse d'utiles traditions qu'il serait aisé de reprendre. Sans être le dernier mot de la sagesse humaine en cette matière, la loi de 1819, votée par les Chambres de la Restauration, serait reçue aujourd'hui avec gratitude par tous les libéraux de France. Si l'on ne veut pas aller jusque-là d'un seul coup, les fameuses lois de septembre, qui ont été votées sous la monarchie de Juillet et qu'*on accueillerait encore avec reconnaissance*, pourraient servir de transition et nous prépareraient à une liberté plus grande. Nous ne nous dissimulons pas que nos ministres orateurs ont contre ces lois de septembre des objections de diverses sortes ; jadis ces lois leur paraissaient si rigoureuses, qu'elles anéantissaient à leurs yeux la liberté de la presse ; aujourd'hui elles leur paraissent si indulgentes, qu'elles rendraient à leurs yeux la répression de la presse impossible. Ils allaient beaucoup trop loin alors ; ils vont certainement trop loin aujourd'hui. La vérité est entre ces deux extrêmes.

- (*Journal des Débats*. 1865.)

du soin de décider si j'ai fait autre chose, dans ce passage, que de comparer les lois de septembre (qui, ne
l'oubliez pas, laissaient la presse sous la juridiction du
jury) au décret de 1852, et que de leur donner la préférence. Cette préférence est bien légitime, monsieur,
et j'ose dire que si la Chambre nouvellement élue de-
mandait et obtenait le retour aux lois de septembre,
c'est-à-dire le retour à la juridiction du jury en matière
de presse, vous ne pourriez vous-même éviter de déclarer que l'opinion libérale aurait fait une heureuse et importante conquête. Quant à mon opinion personnelle
sur la liberté de la presse, telle que je la souhaite à mon
pays, vous la trouverez exprimée, si cela vous inspire la
moindre curiosité, dans maint passage de mes écrits,
particulièrement dans un article déjà ancien de la *Revue
des Deux Mondes*, sur l'état comparé de la presse en
France et en Angleterre.

« J'ai toujours entendu, monsieur, et j'entends encore
par liberté de la presse un état de choses tel, que la
presse relève du jury et ne relève que de lui seul,
comme en Angleterre et aux États-Unis. Si c'est là ce
que vous entendez par la *liberté illimitée de la presse*,
nous sommes d'accord sur la chose, sinon sur le mot.
Si, au contraire, vous entendez par *liberté illimitée de
la presse* un état de choses tel que le jury lui-même
n'ait aucun contrôle sur la presse, j'avoue que je ne suis
pas d'accord avec vous. Mais avec qui seriez-vous là-
dessus d'accord? Quel est celui de vos neuf candidats
qui viendra dire au public et à la Chambre qu'il ne veut

pas accorder même au jury le droit de juger la presse?
A coup sûr, ce ne sera pas l'honorable M. Ollivier, qui
n'a jamais demandé autre chose pour la presse que la
juridiction du jury, ce dont je l'ai toujours loué pour
ma part, et ce qui n'est pas son moindre titre à la sympathie de l'opinion libérale. Si vous avez donc placé
cette incompréhensible idole de la *liberté illimitée de
la presse* à l'entrée de la Chambre élective, comme
Gessler avait mis son bonnet au haut d'une perche, afin
qu'on ne pût passer sans lui rendre hommage, pourquoi
exiger de moi seul cet acte d'adoration que vos neuf
candidats, partisans du jury en matière de presse, vous
auraient unanimement refusée?

« J'en ai fini, monsieur, avec cette discussion stérile.
Je n'ai pas la prétention d'envahir vos colonnes, et j'ai
cédé avec regret à la nécessité absolue de me défendre.
Je retourne à mes travaux de chaque jour, l'esprit libre
de toute pensée personnelle, sincèrement heureux du
réveil de l'opinion publique, sans aucun mauvais sentiment contre ceux qui ont manqué à mon égard de justice ou de bonne foi, et je m'en remets à l'avenir du
soin de prouver si je suis moins dévoué qu'eux ou que
vous-même aux intérêts et à la liberté de mon pays.

« Veuillez agréer, monsieur, l'assurance de ma considération très-distinguée.   PREVOST-PARADOL. »

Nous reprenons maintenant la suite des *lettres*
adressées au *Courrier du Dimanche*, que les élections générales avaient interrompue.

XIII

Leçons à tirer des élections et en particulier des élections de P aris.

21 juin 1865.

Monsieur,

Au moment de reprendre avec vous cette correspondance régulière, quelque temps interrompue, je sens combien le présent diffère du passé et quel changement s'est fait autour de nous. Les élections ont créé pour l'opposition et pour la presse, comme pour le gouvernement, une situation nouvelle. Personne n'est exactement aujourd'hui ce qu'il était hier ; les élections ont donné d'utiles leçons à tout le monde, et il est bien peu de gens qui n'aient eu l'occasion de s'y instruire. Pour nous, nous ne trouvons dans ce qui s'est

passé que de nouvelles raisons de nous attacher
tous les jours davantage, avec une pleine indépendance, à la justice et à la vérité.

Nous serons donc, tout d'abord, justes et sincères envers les trois journaux coalisés, en reconnaissant qu'ils ne s'étaient pas abusés sur l'étendue de leur puissance. Ils ont senti, mieux que
nous, que le besoin de la discipline amènerait à
leur liste, quelle qu'elle fût, cette masse flottante
qui inclinait à faire acte d'opposition, mais qui,
hors d'état de se conduire elle-même, attendait
un mot d'ordre et un drapeau. Cette liste, une fois
munie des noms des quatre députés opposants de
la Seine, et publiée tous les jours par trois journaux, avait un caractère assez authentique, je
dirais volontiers assez officiel, pour devenir la liste
unique de l'opposition et pour écraser toutes les
dissidences. Sur tous ces points, l'avénement a
donné raison aux auteurs de la liste, et a prouvé
qu'ils n'avaient pas trop présumé de leur pouvoir.
Ont-ils fait de ce pouvoir le meilleur usage qu'on
en pût faire? La question est devenue oiseuse, et
nul n'a intérêt à chercher des causes de dissenti-

ment dans le passé pour en surcharger inutilement
l'avenir.

Tenons-nous-en donc à la situation présente, et
considérons le résultat probable du vote que l'opposition vient d'obtenir de la population pari-
sienne. Aucune subtilité, aucun calcul n'en peut
diminuer l'importance. La grande majorité des
électeurs de Paris a voté pour les candidats de
l'opposition ; et, comme pour montrer que ce vote
n'était pas l'effet passager d'un caprice, on a vu,
quinze jours plus tard, et après l'annonce d'une
victoire longtemps désirée, une circonscription de
Paris réunir sur un seul nom presque toutes les
voix qu'elle avait dispersées sur plusieurs candidatures opposantes. Nous n'avons pas besoin qu'on
nous donne ici une leçon d'arithmétique, ni qu'on
nous fasse remarquer, pour la vingtième fois, que les
départements ont ratifié la plupart des choix faits
par l'administration. On n'a pas besoin de nous
étaler cette longue liste de défaites subies dans les
départements par l'opposition, même la plus mo-
dérée, la plus constitutionnelle qui se puisse imaginer, la défaite de M. de Flavigny, par exemple,

ou celle de M. Hallez-Claparède, si imprévue, et si regrettable; nous savons le compte de nos morts et nous confessons nos pertes sans embarras. Mais alors même que Marseille, Nantes, le Havre, Lyon n'auraient pas imité le vote de Paris; alors même que Paris seul aurait osé ou aurait pu donner un tel exemple, le vote de Paris n'en serait pas moins l'événement le plus important de notre histoire intérieure depuis douze années. Il faut en croire là-dessus l'opinion de ceux-là même que ce vote contrarie, j'entends leur opinion de la veille et non celle du lendemain ; car ils ont subitement changé de langage, et ils ont accepté comme l'incident le plus vulgaire et le plus insignifiant du monde un événement que la veille encore ils déclaraient non-seulement funeste, mais impossible à prévoir. « *Paris ne fera pas...* disaient-ils ; *Paris ne voudra pas...* etc... » Paris a fait, Paris a voulu, et, à les entendre aujourd'hui, ce démenti complet donné par Paris à leurs espérances ne signifie rien et mérite à peine qu'on y songe.

Il faut pourtant y songer, regarder ce vote en

face et le juger de sang-froid. Ce vote ne veut pas
dire, le moins du monde, que Paris ait soif de
trouble et de changement, ni qu'on y désire ce
qu'on appelait au temps de Tacite *res novas*, en
bon français une révolution. Combien de Parisiens
ont voté pour la liste, que la perspective sérieuse
d'une révolution déciderait aussitôt à tout supporter avec patience ? Ce vote ne veut pas dire davantage que l'opinion démocratique soit maîtresse de
Paris et puisse compter sur Paris ; combien d'é-
lecteurs cesseraient de voter pour la liste le jour
même où la liste serait au pouvoir ? Les vœux de
la grande majorité des électeurs parisiens ne vont
pas aujourd'hui au delà d'une réforme et de l'é-
largissement des libertés publiques.

Ce qui est incontestable, c'est que l'opinion démocratique a servi de drapeau à ce mouvement
électoral, et c'est pour elle un grand honneur en
même temps qu'une juste récompense des efforts
que ses cinq représentants ont faits depuis six ans
dans la Chambre. Personne n'est moins disposé
que nous à contester les progrès de l'opinion démocratique ou à s'en plaindre : car on doit accep-

ter les événements inévitables, et aucune main humaine ne paraît capable d'arrêter le courant plus
ou moins rapide qui emporte vers la démocratie
toutes les sociétés contemporaines. Mais plus l'opinion démocratique devient puissante, plus elle
doit se montrer sage, prévoyante et digne de sa
destinée ; plus elle doit étudier, pour les satisfaire, les besoins permanents et les vœux constants
de la société française ; plus elle doit enfin se montrer libérale et pacifique, car, malgré son inconstance apparente, la France aime la paix et la liberté, et c'est par de tels dons franchement offerts
et fermement garantis qu'on peut seulement aujourd'hui lui gagner le cœur.

Que fera le gouvernement, aujourd'hui qu'il
peut prendre en considération des vœux et une
opinion dont hier encore il pouvait ignorer la
force ? Telle est, en effet, la situation singulière de
notre pays, que les élections seules nous donnent
quelque moyen d'entrevoir l'état de l'opinion publique. Le droit de réunion n'existe pas ; la presse,
concentrée en quelques mains, répète tous les
jours d'une voix monotone les mêmes critiques ou

les mêmes louanges, mais nul ne sait ce qui se passe au sein de la foule, et cette vaste mer est sans écho. On connaît l'opinion de son voisin ; on remarque parfois que monsieur un tel a changé de langage sur les affaires publiques, et l'on cherche à deviner si ce changement est un fait particulier ou si l'opinion de toute une classe d'hommes a en effet changé ; mais on en est réduit aux conjectures, et au fond nul ne sait avant le dépouillement du scrutin si les pensées qui l'agitent ont pris possession d'autres esprits et font battre d'autres cœurs. Les chefs de l'État, entourés le plus souvent d'approbateurs, n'en savent guère plus que nous-mêmes et hésitent comme nous jusqu'au résultat définitif entre les raisons de craindre et les raisons d'espérer. C'est ce qui donne à nos élections silencieuses et mystérieuses, particulièrement dans les grandes villes où le résultat du scrutin est d'autant plus imprévu que le suffrage est plus libre, une sorte d'intérêt dramatique dont les élections bruyantes de nos voisins les Anglais sont ordinairement privées.

Que fera donc le gouvernement, aujourd'hui

qu'il connaît le vœu de Paris, et qu'il peut, s'il le veut, en tenir compte? Ajoutera-t-il une page, quelques lignes seulement, au décret du 24 novembre, ce qui serait bien accueilli (qui peut en douter) par la France entière? Ou bien ne fera-t-il rien du tout, comme l'assurent avec hauteur des gens que je ne puis m'empêcher de trouver bien téméraires, lorsque je me souviens de la double surprise que leur a déjà causée *le Moniteur*, en leur apportant une première fois l'institution des ministres orateurs, et une seconde fois le rapport de M. Fould sur notre situation financière? Enfin, y aura-t-il un changement de ministère, ou, pour parler plus exactement, un changement parmi les ministres (puisqu'ils ne forment point un cabinet); ou bien verra-t-on M. Baroche défendre de nouveau M. le ministre de l'intérieur au sujet du choix de ses candidats et de la conduite des élections et prouver de nouveau, après M. Magne, que M. Fould a mis un terme aux dépenses excessives et a rétabli notre équilibre financier?

Laissez-moi terminer toutes ces questions par la plus grave de toutes : Aurons-nous la paix ou

la guerre sur le continent au sujet de l'insurrection polonaise ? Parlera-t-on encore des élections
dans deux mois, ou seront-elles noyées, comme
quelques prophètes l'assurent, dans des préoccupations plus graves ? Verrons-nous le sang français couler de nouveau pour l'affranchissement
d'un peuple ? et nos regards, aujourd'hui attachés
sur nous-mêmes, après avoir erré sur la Crimée
et l'Italie, vont-ils se trouver enchaînés sur les
bords de la Vistule ? Je suis là-dessus aussi incertain que vous-même, aussi incertain que tous les
Français : nul de nous n'en sait rien, nul de nous
n'y peut rien.

Ce qu'il nous est du moins permis de faire, c'est
de saluer de loin notre courageuse armée, illustrée
par un nouveau et sanglant triomphe. Espérons
que Mexico cèdera plus aisément que Puebla à
l'effort de nos armes, et souhaitons qu'une prompte
paix mette fin à cette lointaine entreprise, dont
la durée a trompé toutes les prévisions, et dont
le résultat probable échappe encore à tous les regards.

XIV

L'élection d'Aix. — Application trop exact d'une réflexion de Royer-Collard.

5 juillet 1863.

Monsieur ,

Nous sommes toujours entre la paix et la guerre,
et, comme si la question polonaise ne suffisait pas
pour rendre la durée de la paix bien incertaine,
voici qu'on parle de nouveau d'imposer un armistice aux deux partis qui se déchirent en Amérique,
ou de reconnaître le Sud, ce qui équivaut à déclarer la guerre aux États-Unis. J'ignore le sort réservé à la proposition de M. Roebuck, mais je me
refuse à croire que l'Angleterre consente aujour-
d'hui plus qu'auparavant à sortir de cette neutra-

lité que commandent également à l'Europe le bon
sens et la justice.

Si les États du Nord sont aussi épuisés qu'on le
prétend, si la majorité de la population y incline
de plus en plus à la paix, une intervention étrangère est ce qu'il y a de plus propre à troubler et
à changer ce mouvement des esprits. Si, au contraire, comme je suis plutôt tenté de le croire, les
lenteurs du siége de Wicksburg et le mouvement
offensif des confédérés vers le Nord n'ont point
abattu l'énergie du gouvernement et du peuple
des États-Unis; si, comme l'assure un journal pu-
rement commercial de New-York [1], ces incidents
de la guerre « n'ont pas diminué d'un *iota* la confiance du peuple dans le succès de la cause fédérale, » il est probable que l'immixtion de l'Angleterre et de la France dans cette grande lutte
serait moins faite pour amener la paix que pour
étendre jusqu'à l'Europe le fléau de la guerre.
Aussi, bien que les partisans du Sud, en Angleterre, soient influents et nombreux, bien que la

[1] *The New-York shipping and commercial list*, of june 17

sympathie pour le Sud fasse parfois fléchir la justice anglaise elle-même, comme la triste affaire de
l'*Alexandra* vient de le démontrer, bien que les
Anglais, partisans du Sud, continuent à trouver
en France l'appui le plus inexplicable et le plus
opiniâtre, il nous paraît impossible qu'ils entraî-
nent le gouvernement anglais dans la démarche
imprudente à laquelle il a déjà refusé son concours. Et comme, sans ce concours, toute démarche de ce genre est impossible, nous avons le
ferme espoir qu'on laissera les États-Unis faire
leurs affaires à leur guise et que, de ce côté du
moins, la paix de l'Europe ne sera pas troublée.

Le péril est plus sérieux du côté de la Pologne.
On ne peut se dissimuler que les négociations sans
issue, engagées aujourd'hui avec la Russie, ressemblent fort à celles qui ont précédé la guerre de
Crimée, et que la seule durée de négociations de
ce genre rend le maintien de la paix de plus en
plus précaire. On semble admettre comme un fait
incontestable, en Angleterre, que le gouvernement
français verrait sans répugnance la guerre sortir
de ces négociations si périlleuses, et qu'il est

décidé à soutenir par les armes les demandes col-
lectives adressées à la Russie en faveur de la
Pologne. On est aussi fondé à croire, d'après le
langage du *Morning-Post*, et d'après l'attitude du
gouvernement anglais, qu'au jour prochain, sans
doute, où les négociations auront échoué, l'Angleterre sera debout et en armes à côté de la France.
Mais, de l'autre côté de la Manche, il ne suffit pas
que le gouvernement ait pris le parti de soutenir la
France jusqu'à la guerre inclusivement dans l'affaire de Pologne, il faut que cette résolution soit
ratifiée par l'assentiment des Chambres et du
public.

Or, le public anglais est encore incertain sur
cette question si grave, et la chambre des communes, loin de paraître disposée à précipiter le
cours des événements, incline plutôt à le ralentir.
Le *Times* affirme sans hésiter que « le public
anglais n'a pas sérieusement l'idée d'entrer en
guerre pour la Pologne, et que, malgré tout ce
qu'on écrit, l'opinion publique en France est
sur ce point d'accord avec celle de l'Angleterre. » Soit ; il n'en est pas moins vrai qu'on

a vu plus d'une fois les peuples conduits pas à
pas, par la force des choses plus encore que par
la volonté des hommes, à des entreprises *dont ils
n'avaient pas sérieusement l'idée;* et cette question polonaise, dans laquelle on voit l'Angleterre
et la France aller au-devant d'un échec diplomatique qu'il leur serait difficile d'endurer, pourrait
bien donner au monde un nouvel exemple de la
singulière différence qui existe, pour les nations
comme pour les hommes, entre ce qu'on veut
faire et ce qu'on fait.

Que vous dirai-je maintenant de nos affaires
intérieures, sinon que le gouvernement paraît
avoir tiré les conclusions les plus sages des élections qui viennent de s'accomplir, et qu'il ne
néglige aucun moyen de regagner la partie de la
population dont les suffrages lui ont fait défaut?
Il ne serait pas exact de dire qu'il pleut aujourd'hui
des libertés sur nos têtes; mais il est juste de dire
qu'il y a une véritable ondée de mesures populaires, et j'ajoute qu'on aurait le plus grand tort
de ne pas les accepter avec plaisir, sans perdre la
mémoire de ce qui nous manque. Le rétablisse-

ment de la classe de philosophie dans les lycées de l'État, la liberté de la boulangerie, la désignation d'un ministre chargé d'un portefeuille (bien allégé, il est vrai), mais enfin d'un portefeuille pour représenter le gouvernement dans les Chambres, enfin la lettre pleine de promesses adressée au Conseil d'État sur la décentralisation, sont autant de concessions ou, pour mieux dire, d'avances faites avec à-propos à l'opinion démocratique, et prétendre que les élections de Paris ne sont pour rien dans tous ces actes serait aussi absurde que de soutenir que la bataille de Solferino a été étrangère à l'établissement du régime constitutionnel en Autriche.

La lettre du Conseil d'État sur la décentralisation est la plus considérable de ces mesures, si elle est suivie d'effet et surtout si l'on n'entend pas exclusivement, par *décentralisation*, la suppression de quelques formalités et l'abrégement de quelques délais en matière administrative. Ou la pensée de l'empereur restera stérile, ou il faut lui donner une portée plus haute. La décentralisation doit être avant tout le moyen d'établir la liberté et la sincérité du suffrage universel en rompant le lien étroit qu'établit entre l'État et toutes les communes, grandes ou petites, la nécessité d'avoir recours au pouvoir central pour l'exécution des travaux les plus indispensables et pour la satisfaction des besoins matériels les plus légitimes.

Il est une parole de Royer-Collard, prononcée sous la Restauration, mais bien plus vraie aujourd'hui que dans ce temps-là, que je voudrais pouvoir répéter tous les jours, parce qu'elle exprime avec une clarté énergique ce qu'il y a d'incompatible entre la centralisation et la liberté politique. Parlant, dès ce temps-là, de la dépendance absolue des communes à l'égard de l'État en tout ce qui touche les travaux publics : *Les besoins publics satisfaits*, dit-il, *deviennent des faveurs de l'administration, et, pour les obtenir, les peuples, nouveaux courtisans, doivent plaire.*

N'oublions jamais cette grave parole, et ne perdons point de vue l'importance toute nouvelle que le suffrage universel est venu lui donner; ayons toujours devant les yeux ce peuple de petites com-

munes demandant la réparation d'une église, cette
foule de villes sollicitant un canal ou un chemin
de fer, et nous comprendrons alors combien est
urgente et salutaire la réforme qu'on nous annonce, si elle va jusqu'à la racine du mal et si elle
ose l'arracher.

Je ne puis résister au désir de vous citer, piè-
ces en main, un exemple de l'influence que la centralisation peut exercer sur le suffrage universel,
et je le ferai avec d'autant moins d'amertume qu'il
s'agit d'une ville à laquelle je suis attaché et de
personnes envers lesquelles aucun mauvais sentiment ne m'anime ; il ne faut d'ailleurs pas accuser
les hommes des fautes vers lesquelles les lois
mêmes paraissent les pousser, et que nul, mis à
leur place, ne serait bien assuré de ne point commettre.

Il y avait, au mois d'avril dernier, plusieurs
années que la ville d'Aix sollicitait l'agrément et
l'appui du pouvoir central pour l'établissement
d'un canal vraiment indispensable à sa prospérité.
Ce canal, toujours problématique, était la grande
affaire du pays ; et l'on peut dire, sans crainte

d'être démenti par personne, que le député de la
ville d'Aix avait, avant tout, pour mandat d'obtenir
et de hâter le dernier mot du pouvoir central pour
l'exécution de ce grand travail. Bien que ce député fût considéré avec la plus grande faveur par
l'Administration et qu'il eût déployé pour le canal
un zèle vraiment digne d'éloges, l'affaire avait
langui, si bien que le député était devenu premier
président et que les élections étaient imminentes
sans que le dernier mot du pouvoir central eût été
prononcé. Laissons maintenant la parole aux événements, ou pour mieux dire, au *Mémorial d'Aix*,
qui a montré une inappréciable bonne foi dans
cette affaire et qu'il suffit de citer :

« La grande affaire du canal du Verdon, la question
vitale des irrigations d'une grande partie de l'arrondissement d'Aix et de plusieurs communes du Var, vient
enfin de recevoir une solution favorable. Cette nouvelle,
attendue depuis si longtemps, a été accueillie avec les
démonstrations de la joie la plus vive, dans notre con-
trée trop favorisée du soleil et trop déshéritée des pluies.
Les lenteurs, les atermoiements dont l'instruction de
cette affaire avait été l'objet, faisaient naître des doutes
fâcheux sur sa réussite. On désespère alors qu'on espère
toujours. L'opinion publique commençait à ne plus

croire qu'avec hésitation au succès de cette entreprise. Les plus sceptiques allaient même jusqu'à nier qu'elle fût née viable, tellement la crainte de ne pas aboutir avait jeté la perturbation dans les esprits. Mais, vendredi au soir, la dépêche suivante, tombée comme une bombe au milieu de notre ville, a circulé rapidement dans notre population, qui l'a accueillie avec des transports de reconnaissance.

Paris, le 17 avril 1865, à 4 h. 20 m. du soir.

« Le président Rigaud au sous-préfet d'Aix.

« Solution favorable au canal du Verdon. Concession de 6 mètres cubes. Vive l'empereur !

« Certifié conforme,

« Le sous-préfet d'Aix, signé : DE FARINCOURT. »

« Cette dépêche est arrivée à Aix à la tombée de la nuit et a été affichée à la porte de l'hôtel de la sous-préfecture. M. le sous-préfet a eu l'obligeance de nous la communiquer immédiatement, etc., etc. [1] »

Le 20 avril, c'est-à-dire trois jours après, un nouveau procureur général est installé à Aix, et le premier président prononçait à cette occasion un discours. Il ne pouvait éviter de faire allusion à l'heureux événement qui venait de combler de joie

[1] *Mémorial d'Aix*, du 19 avril 1865.

la ville d'Aix, et il ne manqua pas d'en tirer la conséquence :

« ... Pour les *masses comme pour les individus*, dit-il, *solliciter* et obtenir des *faveurs*, c'est *s'obliger* envers ceux qui les accordent, ainsi le veut la pudeur publique [1].

Ce sont les termes mêmes de Royer-Collard, que M. le premier président employait ainsi à son insu. Enfin, les élections arrivent : la candidature de M. Thiers est déclarée, et voici avec quelle sincérité le *Mémorial d'Aix*, du 3 mai, s'efforce de la noyer dans le canal :

« Nous avons fait connaître que l'Administration recommandait M. Bournat, membre du conseil général des Bouches-du-Rhône, comme candidat à la députation, dans la circonscription électorale d'Aix, et nous avons indiqué, en quelques mots, les qualités qui militaient en faveur de ce compatriote et le désignaient aux suffrages du pays.

« On nous assure, aujourd'hui, qu'il se prépare des candidatures opposées : on formule des combinaisons, et des noms sont mis en avant. Quelles que soient l'honorabilité et la valeur des personnalités proposées, leur présentation nous semble inopportune et impolitique

---

[1] *Mémorial d'Aix*, du 26 avril.

dans l'intérêt de notre arrondissement... On dira, si l'on
veut, que l'intérêt matériel nous domine ; mais c'est cet
intérêt matériel même qui fait la prospérité des villes et
des départements, et leur assure un avenir progressif au
milieu de la révolution industrielle et sociale amenée
par l'extension des réseaux des voies ferrées. Notre cité,
plus spécialement, se trouve placée dans ce cas, et *a
besoin de tous les soutiens, de tous les efforts et de
tous les encouragements* pour ne pas glisser sur la pente
d'une décadence prématurée.

« Aix, en effet, depuis qu'elle a perdu sa couronne
de capitale et ses cours souveraines, et s'est vue déca-
pitée, pour ainsi dire, par 89, a été presque abandonnée
par tous les régimes et délaissée dans un injuste isolement. Le gouvernement impérial seul, fort et réparateur,
s'est intéressé à sa situation précaire et a fortifié notre
ville, *en la reliant au mouvement par des lignes de
chemins de fer, en favorisant son agriculture par la
restitution de la culture du tabac et la concession
imminente d'un canal d'irrigation.* Serions-nous *ingrats* envers le seul pouvoir qui ait fait attention à nous ?
En reconnaissance des bienfaits que nous lui devons,
irions-nous voter contre sa stabilité ? L'intérêt bien entendu, à défaut de dévouement, nous fait un devoir de
le soutenir. Aux services rendus, *il en ajoutera d'autres,*
et nous avons besoin de lui pour établir notre avenir
sur des bases solides.

« Nous arrivons à un moment *décisif,* où l'ajourne-
ment des projets qui doivent transformer notre arron-

dissement correspondrait à leur abandon indéfini. Serrons-nous donc autour d'un gouvernement d'initiative qui en assurera la réalisation. Envoyons à notre assemblée représentative un mandataire qui, *ayant sa sympathie, jouisse de la légitime influence qu'elle procure* et puisse continuer l'œuvre si habilement et si heureusement poursuivie par son prédécesseur. Toutes les préférences personnelles doivent s'effacer devant ce mobile puissant ; toutes les compétitions doivent tomber, *toutes les répugnances doivent se taire. Gardons nos opinions, réservons nos convictions politiques pour d'autres temps; mais, aujourd'hui, avant tout et surtout, soyons Aixois.* Le premier patriotisme est celui de la terre natale. Poussons-en le culte jusqu'au fétichisme, si vous voulez ; cette idolâtrie sera rehaussée par le sentiment qui l'inspire. *Un jour, la postérité, en recueillant les bienfaits dont la génération actuelle aura doté le pays, lui rendra des actions de grâce.* Elle applaudira à ses abnégations courageuses et aux nobles inspirations qui lui auront fait préférer le bien et l'utile aux querelles de parti et au bruit sonore, mais creux et vide le plus souvent, des discussions dont le retentissement ne fait pas toujours la force.

« Tout le monde peut se rencontrer sur ce terrain neutre où nous convions nos compatriotes à se réunir. Quelles que soient nos idées, *quelles que soient nos aspirations en politique, nous sommes tous enfants de la même cité et du même arrondissement.* Sacrifions donc nos dissentiments sur l'autel de la patrie;

notre mère commune, — *alma parens*, — afin de la
rendre grande, heureuse et prospère dans le présent et
l'avenir, afin de lui restituer et d'augmenter encore sa
splendeur passée. »

Veuillez bien comprendre, monsieur le rédacteur, le sentiment qui m'engage à vous citer cet
article. Je voudrais pouvoir le faire lire à toute la
France, et surtout à ceux qui disposent de nos
destinées, non point, je vous le jure, pour blâmer
le *Mémorial*, qui est dans son rôle en défendant
son arrondissement, ni M. le président Rigaud,
qui sacrifie tout à l'irrigation de sa terre natale,
mais pour appeler l'attention universelle sur une
législation qui transforme ainsi, par la force des
choses, tout un arrondissement en solliciteur inquiet ou en obligé reconnaissant. Une telle législation est inconciliable avec la pratique sincère et
utile du suffrage universel ; elle doit être réformée
pour le bien et pour l'honneur du pays ; et si la
lettre de l'empereur a réellement pour objet de
changer un tel état de choses, si son gouvernement
va jusqu'au bout dans cette voie, s'il accomplit cet
acte de bon sens et de courage, s'il guérit la

France de ce mal funeste, je lui en serai plus reconnaissant que s'il avait affranchi dix peuples étrangers et remporté vingt victoires, et j'élèverai une voix désintéressée pour lui témoigner ma gratitude, au nom de l'amour sincère que je porte à mon pays.

XV

Fera-t-on la guerre pour la Pologne? — Continuation de la lutte aux États-Unis.

2 août 1863.

Monsieur,

Quand j'aurai sincèrement regretté l'avertissement donné au *Siècle* au sujet de sa proposition de plébiscite sur la question polonaise ; quand je vous aurai fait remarquer l'incertitude et la variation de la jurisprudence administrative en matière d'avertissement, puisque j'ai plusieurs fois, et toujours impunément, proposé dans ce journal même de faire trancher par un plébiscite l'interminable question romaine, j'en aurai fini avec notre histoire intérieure, qui n'offre point aujourd'hui d'autre incident digne d'attention.

Suivons donc l'exemple et le penchant de tous les Français, et voyons ce qui se passe hors de chez nous.

Nous sommes encore entre la paix et la guerre, et, bien que quelques personnes s'imaginent que l'hiver peut être employé en négociations, de façon à ajourner la guerre au printemps si elle éclate, je ne puis m'empêcher de craindre que les événements ne marchent d'un pas beaucoup plus rapide. Les négociations rencontrent, en effet, dès leur début, un obstacle insurmontable : la question de l'armistice, parfaitement insoluble, parce qu'elle préjuge et, à vrai dire, renferme tout le reste. Veuillez remarquer que, sur les autres points proposés à son acceptation, la Russie n'élève aucune difficulté sérieuse. La question même de savoir si la conférence des signataires des traités de 1815 sera ou non précédée d'une entente entre les trois puissances copartageantes de la Pologne, peut être résolue ou tournée sans grand effort, puisque, d'une part, la Russie ne se refuse pas, d'une manière absolue, à soumettre à la conférence générale le résultat de cette réunion particulière, et que, d'autre part, l'Autriche ne s'est nullement laissée détacher des puissances occidentales par l'offre de cette entente préalable entre les détenteurs actuels de la Pologne.

Mais la question de l'armistice défend, pour ainsi dire, l'entrée de toutes ces conférences, comme une porte bien close, qui ne peut être enfoncée que par la guerre. Il n'était pas impossible de le prévoir. Les Polonais eux-mêmes ont peu de goût pour l'armistice, car c'est le chemin des négociations plutôt que celui de la guerre, ou du moins c'est un chemin qui ne peut conduire à la guerre qu'à travers les lents détours d'une conférence générale. Aussi les Polonais n'ont-il accepté l'armistice qu'après l'avoir vu avec plaisir rejeté par la Russie. Que la Russie n'en voulût pas entendre parler, à moins d'être absolument réduite à le subir, c'est ce qu'il est aisé de comprendre, et, sur ce point, M. Émile de Girardin n'a point tort. Concéder l'armistice, c'était pour la Russie reconnaître du premier coup le gouvernement insurrectionnel de la Pologne, l'admettre à traiter non-seulement d'égal à égal, mais avec tout l'avantage que lui assurerait l'appui de l'Occident; c'était sanctionner d'avance le succès de la révolution polonaise, c'était, en un mot, accorder à la seule demande des puissances occidentales ce qu'elles pourraient exiger après leur victoire. Les mêmes raisons qui nous faisaient désirer l'armistice en éloignaient donc la Russie, et tandis que nous la poussions de notre mieux vers cette conférence européenne où l'on devait travailler en commun à maintenir la paix, la Russie refusait d'en franchir le seuil au prix d'un si grand sacrifice.

Que faire maintenant? La question est réduite aux termes les plus simples, et l'on atteint dès ce premier pas l'issue trop facile à entrevoir de cette campagne diplomatique, c'est-à-dire un grave échec de l'Occident et un abandon de la Pologne, plus extraordinaire que tous ceux qui l'ont précédé, ou bien la guerre. Il faut envisager en face l'une ou l'autre de ces conséquences, puisque nous y touchons aujourd'hui non-seulement des yeux, mais pour ainsi dire, de la main. Il me paraît impossible, après tout ce qui s'est passé depuis un an, après le fier langage de la presse officieuse, après la sévérité des jugements portés par cette presse contre la politique des gouvernements antérieurs à l'Empire, sur la question polonaise, après le contraste flatteur qu'on s'est si souvent efforcé d'établir entre les plaintes non suivies d'effet de ces gouvernements et l'attitude prudente, mais résolue et inflexible, du gouvernement impérial, il me paraît impossible, dis-je, que le gouvernement français abandonne aujourd'hui la Pologne à son sort, et se résigne à voir les négociations closes dès leur début par le refus de l'armistice. Comment, cependant, reprendre et poursuivre ces négociations? comment s'exposer à des refus nouveaux que notre dignité nous obligerait à ressentir, si nous ne sommes décidés à soutenir au besoin nos demandes par nos armes, et à transformer, s'il le faut, notre intervention diplomatique en intervention militaire?

Quels alliés aurions-nous dans cette lutte et jusqu'où nous suivraient-ils? Voilà la question que se font aujourd'hui tous les Français que préoccupe cette grande affaire. L'Autriche paraît dé-

cidée à demander les mêmes choses que nous et
à revenir à la charge après ce premier échec;
mais une guerre pour la Pologne peut-elle sérieusement convenir aux maîtres de la Gallicie, et,
s'il s'agit d'un remaniement complet de la carte
de l'Europe, est-il probable que la prudente Autriche, avide aujourd'hui d'ordre intérieur, de
paix et de sage liberté, tente de son plein gré
cette grande aventure? Quant à l'Angleterre, le
langage du *Morning-Post* est belliqueux; mais
les discours du ministère au sein du parlement sont
de plus en plus pacifiques; le *Morning-Post* écrit
pour empêcher la Russie d'être trop convaincue
que l'Angleterre a résolu de rester en paix, et les
ministres s'efforcent de rassurer le parlement, en
lui persuadant qu'ils n'ont, au fond, aucune inclination à faire la guerre. Qui trompe-t-on aujour-
d'hui à Londres? Est-ce la Russie? est-ce la France?
Y a-t-il une résolution prise, et quelle est-elle?
Certes, si la Russie cède devant la ferme attitude
du gouvernement anglais et devant les menaces du
Morning-Post, et qu'elle apprenne ensuite, par un
sourire de lord Palmerston, qu'en aucun cas on

ne lui eût fait la guerre, elle aura été dupe de la
comédie la plus désagréable qu'on puisse imaginer. Mais si, d'un autre côté, encouragés par les
mêmes apparences, nous nous avançons assez
loin pour ne pouvoir plus reculer, et si nous nous
trouvons seuls en face de la Russie, qui, sachant
à quoi s'en tenir sur la conduite future de nos
alliés, nous aura arrogamment tenu tête, ne serons-nous pas, à notre tour, dans la situation la
plus chevaleresque, à coup sûr, mais en même
temps la plus pénible et la plus laborieuse qu'on
puisse concevoir? Tels sont les problèmes qui agitent aujourd'hui l'opinion du public français,
plein de sympathie pour la Pologne, et émer-
veillé de notre accord inattendu, et jusqu'ici soutenu, avec l'Autriche et avec l'Angleterre, mais
un peu inquiet de l'avenir d'une telle alliance, et
inclinant à douter qu'elle aille jusqu'à mêler fra-
ternellement le sang des trois nations sur le
champ de bataille. Si une telle alliance paraissait
solide et sûre, si l'on se rendait clairement
compte des motifs que pourrait avoir l'Autriche
d'entrer en campagne avec nous pour la Pologne,

des motifs que pourrait avoir l'Angleterre pour
envisager de sang-froid la rectification possible
et probable de notre frontière de l'est, si quelque
intérêt évident de ces deux puissances nous donnait quelque garantie de leur bonne conduite et
de leur présence à nos côtés jusqu'à la fin de la
lutte, il n'est guère de Français qui ne vît d'un
cœur tranquille, sinon d'un cœur content, commencer une guerre si peu douteuse au profit d'une
si grande infortune. Mais si M. Billault est prochainement réduit à employer pour la guerre
de Pologne les images patriotiques qui lui ont
déjà servi pour la guerre du Mexique, s'il vient
déclarer au corps législatif et au pays : « que des
trois alliés qui s'étaient embarqués ensemble dans
cette querelle, deux ont *lâché pied*, mais que la
France, qui ne recule jamais, persévère, » j'ose
dire que notre situation, ainsi définie, mêlera quelques regrets, sinon quelques inquiétudes, à l'universelle sympathie que la Pologne inspire.

Il est un peuple, monsieur le rédacteur, qui
m'émeut, vous le savez, autrement, mais autant
que la Pologne, parce qu'il combat pour une

grande cause et que sa victoire, de plus en plus
probable, grâce à Dieu, sera un heureux événement pour la France. La prise de Wicksburg et de
Port-Hudson, la retraite de l'armée confédérée,
hasardée au delà du Potomac, la tentative aujour-
d'hui connue du gouvernement esclavagiste pour
transiger sur le rétablissement de l'Union, sont
autant de symptômes décisifs de ce succès final
du Nord, que j'ai toujours regardé et annoncé
comme inévitable, si l'Europe avait la sagesse et
la justice de se tenir à l'écart. Une honteuse
émeute de la populace de New-York, se livrant,
sous prétexte de conscription, au pillage, au
meurtre et à l'incendie, voilà une bien faible con-
solation pour les amis européens du Sud, en face
d'une telle série de succès militaires.

Quand le courage et l'opiniâtreté des deux partis se valent, l'issue d'une guerre comme celle qui
déchire depuis deux ans l'Amérique est une question de force relative et de temps, car le temps est
nécessaire pour que l'un des deux partis puisse
épuiser toutes ses ressources et que l'autre puisse
déployer toutes les siennes. Le Sud, engagé avec

le Nord dans cette mortelle étreinte, commence à
faiblir, et l'on voit ses reins plier. Sa résolution
paraît encore inflexible (bien que la mission avor-
tée de M. Stephens donne à réfléchir), mais son
sang n'est pas inépuisable, et la paix subie par nécessité fermera en peu de temps les plaies de la
conquête. Ces magnifiques contrées, remises sous
l'autorité fédérale et réunies de nouveau à la
grande famille américaine, oublieront plus vite
qu'on ne pense les ravages de cette funeste guerre
et les conséquences d'un soulèvement que la nature
humaine rendait à peu près inévitable, puisque
ces États, fondés sur l'esclavage, ne pouvaient
guère voir, sans frémir ni sans tirer l'épée, ébranler la base de leur état social et le soutien de
leur prospérité. Qui peut cependant empêcher l'esclavage de disparaître devant les idées du temps
et de troubler le monde jusqu'à ce qu'il ait disparu? Mais j'espère qu'on pourra bientôt appliquer
aux États du Sud de l'Union la belle image de
Macaulay sur ces plaines que des feux souterrains
ont ravagées et qui, rendues enfin à la paix par
la nature, n'en sont devenues que plus belles et

plus fertiles. Oui, les États-Unis, éprouvés par la
guerre, habitués aux armes, fiers de leur résurrection, reprendront leur rang dans le monde, et je
saluerai avec joie leur nouvelle grandeur, non-
seulement comme un glorieux exemple de ce que
peut la liberté pour tenir tête aux plus grands
périls, mais comme un avertissement et comme un
frein pour toutes les tyrannies de la terre.

XVI

Une pluie de couronnes. — La guerre avec les États-Unis est-elle désirable?

25 août 1863.

Monsieur,

Il pleut des couronnes; on n'entend parler que de princes acceptant ou refusant le gouvernement des peuples qui se jettent à leur tête, et don Quichotte aurait aujourd'hui autant de plaisir à parcourir les journaux qu'à lire ces fameux romans de chevalerie qui l'ont jadis décidé à se mettre en campagne. Sancho Panza lui-même aurait quelque espoir de retrouver son île et de figurer encore une fois à son rang (non pas plus mal qu'aucun autre), parmi les grands de la terre. Qu'il nous soit pourtant permis, à nous qui ne sommes ni

prince, ni de la suite d'aucun prince, 'de nous
demander ce que nous pourrons gagner à l'établissement de ces trônes et particulièrement à l'élévation, plus ou moins solide, de l'archiduc Maximilien, empereur du Mexique par la grâce de Dieu
et de l'armée française.

Je ne veux point le moins du monde contester
à l'archiduc Maximilien la légitimité de son titre.
Il reçoit le Mexique des mains d'Almonte et de
ses amis, qui le tiennent de nous, qui le tenons
du droit de conquête, et c'est un droit aussi évident que le soleil, tant que l'humanité n'aura pas
remis l'épée dans le fourreau et inauguré le règne
de la paix universelle ; mais ce droit n'existe, on
le sait du reste, qu'en faveur du plus fort et aussi
longtemps qu'il est le plus fort ; il suffit donc, pour
qu'il soit périmé, que la force change un seul instant de mains ; et la légitimité du nouvel empereur du Mexique deviendrait, malgré la sanction
du suffrage universel (attendue par le plus prochain paquebot), des plus douteuses et des plus
précaires, si la force qui a fondé son trône lui était
retirée. La noble famille des Hapsbourg le sait

bien, et malgré son goût très-ancien et très-naturel
pour les trônes, malgré l'inclination de l'archiduc,
qui, ayant beaucoup lu Télémaque, se sent, dit-on,
particulièrement appelé à gouverner ses semblables, elle hésite à laisser un des siens s'engager
dans cette aventure. Elle veut, dit-on, des garanties, et elle n'a pas tort ; elle n'accepte point le
cheval si on ne lui donne en même temps l'écurie
pour le loger et la pension pour le nourrir ; elle
ne veut point de ce trône hors de sa portée si
ceux qui l'offrent ne s'engagent à le soutenir et à
le conserver.

Quoi de plus juste ? Le sort du roi Othon, trouvant porte close au retour d'un voyage d'agrément. Le sort des petits souverains d'Italie, errant
depuis quatre années hors de leurs domaines, n'a
rien de bien séduisant et paraît fait pour guérir
tout homme sage de la tentation de régner. De
plus, le nouveau souverain du Mexique, s'il tom-
bait une fois par terre, y resterait pour tout de bon,
et ne ferait point, pour se relever, ces efforts désespérés et renouvelés que se plaît parfois, nous ne
le savons que trop, à favoriser la fortune. On ne le

verrait point, une fois déchu, débarquer brusquement dans ses anciens États, ou tomber en ballon
au milieu de sa capitale, ou venir disputer à Juarez
rétabli les suffrages populaires ; il accepterait avec
calme l'arrêt du sort, il irait occuper sa place à
cette vaste table d'hôte des rois dépossédés qui a
remplacé de nos jours la modeste table de six couverts à laquelle Voltaire a vu dîner Candide ; et s'il
doit en être ainsi, ne vaut-il pas mieux ne point
cesser d'être archiduc que de redevenir archiduc
après avoir cessé d'être empereur ?

Que la maison d'Autriche se rassure. Nous ne
faisons point les choses à demi ; nous n'instituons
point des souverains pour les laisser détruire ;
nous occuperons le Mexique aussi longtemps qu'il
sera nécessaire ; nous y reviendrons s'il le faut ;
nous maintiendrons, enfin, envers et contre tous
le trône qu'il nous a plu de fonder. — Voilà ce que
j'entends dire autour de moi, monsieur le rédacteur, et, en effet, le choix d'Almonte et de ses
amis une fois ratifié par le suffrage universel, toutes
les formalités nécessaires une fois remplies, comment nous retirer en abandonnant l'archiduc et

ses partisans, les *afrancesados*, à l'inconstance populaire? Il faut bien soutenir notre œuvre, non-seulement contre les accidents intérieurs, mais contre les périls du dehors ; non-seulement contre l'opinion que représente Juarez et qui, hier encore, était la plus forte, mais contre les États-Unis, qui ont déjà trouvé une fois le chemin de Mexico.

Nous pouvons donc entrevoir déjà, et dans un avenir moins éloigné qu'on ne l'avait cru d'abord, cette conséquence inévitable de la conquête du Mexique, conséquence qui remplirait de joie tous les ennemis de la liberté dans le monde : la guerre entre la France et les États-Unis. L'a-t-on assez désirée et recherchée, cette guerre? Combien d'hommes, combien de journaux se sont appliqués depuis quelques années, avec une coupable ardeur, à mettre la France aux prises avec les États-Unis? Que d'exhortations adressées par ces journaux à l'Angleterre pour l'enrôler dans cette campagne qui pouvait être si profitable à sa grandeur! Que de larmes hypocrites versées sur les maux de la guerre civile? Quelle sensibilité sou-

daine sur l'effusion du sang humain! quels
scrupules tout nouveaux sur le droit de le répandre! quelle indignation libérale surtout contre
les procédés tyranniques du gouvernement amé-
ricain! Grâce à Dieu, la prudente obstination de
nos voisins a rendu tous ces beaux sentiments
stériles ; et la fortune, qui favorise quelquefois les
bonnes causes, a permis que la république américaine déjouât les espérances et les projets de ses
ennemis par des victoires. Ceux de nos concitoyens qui avaient le plus ouvertement souhaité
sa ruine commençaient à prendre leur parti de sa
résurrection, et se résignaient à voir les États-
Unis reparaître à leur rang dans le monde. Mais
la fondation d'une monarchie au Mexique a ranimé
leur courage, et les voilà de nouveau qui nous
pressent d'intervenir en faveur du Sud, afin d'assurer, par la dissolution des États-Unis, la sécurité
du nouvel empire. C'est une étrange illusion cependant que de croire la fondation de la confédération du Sud (si elle pouvait s'accomplir) favorable à nos projets sur le Mexique. Il faut n'avoir
point jeté les yeux sur la carte ou être incapable

d'y rien lire, pour ne pas comprendre que la confédération du Sud ne peut exister sans le Mexique,
et que l'annexion totale ou partielle du Mexique
était une partie nécessaire du programme des auteurs de la séparation. La république qu'ils avaient
rêvée devait embrasser tout le golfe du Mexique,
planter son drapeau sur Cuba, et opposer ainsi aux
États du Nord une masse capable de leur tenir tête
et de leur faire équilibre. C'était là sa *destinée manifeste*, comme on dit en Amérique, et pour empêcher la nouvelle république de l'accomplir, ses
propres alliés, ses propres créateurs eussent été
obligés de lui barrer le chemin. Supposons que la
France soit assez aveugle pour prêter la main à
l'établissement de la confédération esclavagiste et
assez malheureuse pour réussir dans ce dessein, le
nouvel État ne serait pas long à étonner le monde
par son ingratitude, et c'est contre lui que notre
protégé Maximilien aurait tout d'abord besoin de
notre secours.

Cette lutte éventuelle contre la confédération du
Sud est pourtant la meilleure chance que le futur
empereur du Mexique ait à courir, car s'il n'a pas

affaire à la confédération du Sud, c'est que l'Union
sera rétablie et c'est la république américaine
renaissante qu'il devra se préparer à combattre. Il
est absurde, monsieur, de se faire illusion sur cet
inévitable avenir ; il est puéril de s'imaginer un
instant que les États-Unis, rendus à eux-mêmes,
puissent supporter l'occupation du Mexique par
les armes de l'Europe et sa transformation en mo-
marchie, sous la protection de la France. L'impression d'un semblable événement aux États-Unis
est dix fois plus vive et plus difficile à supporter
que ne le serait pour nous, par exemple, l'occupation du Maroc par les armes de l'Angleterre et
l'établissement dans ce pays de quelque prince
appelé à régner sous son influence [1].

Ce n'est pas, croyez-le bien, avec d'ennuyeux
articles de *revues* sur la régénération de la race
latine (dans un pays plus indien que latin), ce n'est
pas avec des déclamations plus ou moins aventu-
reuses sur la nécessité de protéger le catholicisme
contre l'influence anglo-saxonne, que l'on per-

[1] Voir, à ce sujet, l'intéressante brochure de M. H. Mercier de
Lacombe, *le Mexique et les États-Unis*.

suadera aux États-Unis qu'il leur convient de souffrir avec patience un semblable voisinage. Et je ne sais sur quoi l'on se fonde si l'on croit qu'une fois la guerre civile terminée, la force fera défaut aux États-Unis pour contester le Mexique à ses nouveaux maîtres. On a dit depuis longtemps qu'une nation qui sort de la guerre civile est plus près de conquérir ses voisins que d'être conquise, et après la Révolution nous l'avons prouvé par notre propre exemple. Que serait-ce donc dans cette partie du monde où tout milite contre l'invasion européenne, la distance, le climat, le nombre ; tandis que tout favorise l'invasion américaine, et que de grandes armées, rendues disponibles par la paix, peuvent aisément venir disputer à celles de l'Europe le droit de faire voter les Mexicains sur leur sort ?

On n'amènera aucun Français éclairé à considérer comme de méprisables adversaires les hommes qui ont lutté depuis près de trois ans, comme ils le font encore, pour l'intégrité et pour la grandeur de leur pays, qu'aucune défaite n'a découragés, que le mauvais vouloir de l'Europe

n'a pas un seul instant détournés de leur tâche,
qui, sans cesse arrêtés sur le chemin de Richmond,
l'ont repris sans cesse, qui, deux fois repoussés
des murs de Charleston, y reparaissent de nouveau
pour vaincre ou mourir, qui sont restés obstiné-
ment dans les marais de Wicksburg, décimés par
la maladie et sans lâcher prise, alors même que
Washington était menacé, qui mettent une sorte
d'orgueil farouche à se montrer capables des plus
grands sacrifices, qui se félicitent enfin, au milieu
de leurs douleurs, de la terrible épreuve par laquelle ils ont appris à connaître l'étendue de leurs
ressources et la force jusqu'ici latente de leur patrie.

Voici ce qu'écrit sur eux, dans le journal qui
leur est le plus hostile, un homme qui n'a aucune
raison de les aimer : «... L'Union, dit-il, leur est
plus chère, et je parle des plus modérés, que l'influence extérieure ne l'est au Français, que ne
l'est à l'Anglais la longue inviolabilité du sol national. Union veut dire pour eux puissance et na-
tionalité... Dans toute la Nouvelle-Angleterre, vous
ne pouvez franchir le seuil d'aucune maison sans
trouver quelque trace de deuil. Quelle que soit la

part des recrues irlandaises et allemandes dans
cette guerre, je dois rendre témoignage que les
Américains de la classe la plus élevée se sont bra-
vement donnés pour leur patrie. Je connais à peine
une famille qui n'ait plusieurs de ses membres à
l'armée. Les blessés que je rencontre sur les routes
n'appartiennent pas à l'émigration, mais aux meilleures familles américaines, et, dans la conscription actuelle, on voit de nombreux et beaux
exemples donnés par des citoyens riches qui pourraient aisément se racheter, mais qui ne veulent
point le faire et qui s'offrent eux-mêmes en sacrifice. C'est une justice que je dois rendre aux
Américains. » (*Times* du 8 août.) Le même correspondant écrit huit jours plus tard : « Je suis
confondu de la confiance absolue de la majorité
des gens du Nord dans le succès final de leur cause.
L'ardente opiniâtreté avec laquelle ils poursuivent
leur dessein n'est comparable qu'avec leur indifférence absolue pour les sacrifices qu'il exige. Non-
seulement ils ne s'en soucient pas, mais ils y trouvent une sorte de plaisir, et sont moins fiers du
résultat de leur effort que de l'effort lui-même et

des ressources du pays qui a pu faire un tel effort.
La grande guerre, comme ils l'appellent, est en
proportion avec la grandeur de la république.
L'échec les anime plus que le succès à montrer ce
qu'ils peuvent... »

C'est contre ces hommes qui n'ont aucun mauvais sentiment à l'égard de la France, qui ne voient
d'ennemis et de rivaux qu'en Angleterre, qu'on
nous excite à prendre les armes, tantôt pour l'é-
tablissement d'une république esclavagiste, tantôt
pour le salut de la race latine, pour la conserva-
tion du catholicisme, ou pour l'intronisation de la
monarchie dans le nouveau monde.

Laissez-moi espérer, monsieur, que nous n'irons
pas jusqu'au bout dans cette entreprise, qu'une
guerre contre les États-Unis ne viendra pas com
bler les vœux de ceux qui n'aiment point la France,
que nous laisserons à l'archiduc Maximilien le
soin de garder notre dangereux présent s'il l'accepte, et qu'après nous être si prudemment détournés du chemin de Saint-Pétersbourg où personne n'était disposé à nous suivre, nous ne nous
engagerons point sur le chemin de New-York, que

nos ennemis seraient si heureux de nous voir prendre.

Permettez-moi aussi de me féliciter avec vous des succès de l'opposition dans les élections des conseils généraux. On pouvait douter de la durée et de la profondeur du mouvement imprimé à l'opinion par les élections générales ; on n'en doutera plus aujourd'hui. La liberté est, avec la paix, de plus en plus dans les vœux de la France. Que cette volonté du pays devienne manifeste, et elle sera irrésistible ; car c'est seulement le silence ou l'apathie de l'opinion qui peut donner carrière aux caprices des gouvernements.

XVII

Suppression du journal la France centrale. — La Pologne sera-t-elle libre?
— Un discours dé M. de Persigny.

6 septembre 1863.

Monsieur,

Je ne suis dans le secret d'aucun des gouvernements de ce monde, et je tremble de me faire
l'écho d'une fausse nouvelle en répétant, après
tous les journaux, que la Russie va jouir d'une
constitution libérale. Comment résister pourtant
au plaisir d'annoncer un tel événement et d'y
croire? Si la nouvelle est fausse (ce qu'à Dieu ne
plaise!), elle n'a rien de désagréable, je l'espère,
pour ceux auxquels il nous est interdit de dé-

plaire; elle n'est point de nature à jeter de l'inquiétude dans le public, et l'on ne peut guère prétendre qu'elle ait pour but d'exciter à la haine et
au mépris du gouvernement. Laissez-moi vous
avouer, en passant, que je n'écris jamais sans
émotion cette phrase si vague et si redoutable :
exciter à la haine et au mépris du gouvernement.
Un acte injuste ou odieux est digne de haine; un
acte inepte ou ridicule est digne de mépris; et cependant, comment la presse peut-elle se croire en
possession de la liberté, même la plus restreinte,
si les actes odieux ou ineptes doivent échapper à
sa censure, par cela même qu'il est certainement
impossible de les faire connaître et de les combattre sans exciter l'indignation des gens honnêtes et le mépris des gens sensés? Quand le
Times, par exemple, signalait l'état déplorable de
l'armée anglaise au commencement du siége de
Sébastopol, qui oserait prétendre qu'il n'excitait
pas à la haine et au mépris du gouvernement;
car, enfin, il est odieux de laisser l'armée du pays
dans la détresse ridicule de n'avoir pas eu la
prévoyance et la sagesse de pourvoir à ses plus

pressants besoins ? Et quel bien peut faire la presse
si les actes qui sont de nature à faire aimer et admirer le gouvernement sont seuls de sa compétence
et si elle doit ignorer tout le reste ? Ce n'est pas
tout ; il est impossible de s'entendre parfaitement
sur les actes qui sont de nature à exciter la haine
ou le mépris à l'égard du gouvernement, et les
appréciations peuvent varier à l'infini sur cette délicate matière. Je n'aurais jamais cru, par exemple,
comme je dois le croire aujourd'hui, après l'arrêté
qui suspend pour deux mois *la France centrale*,
qu'annoncer à tort qu'un de nos ambassadeurs a
demandé une audience et n'a pas reçu de réponse
pendant cinq ou six jours, fût exciter à la haine
et au mépris du gouvernement. Si la nouvelle
inexactement donnée par ce journal s'était trouvée
vraie, aurait-il donc fallu haïr et mépriser le gouvernement ? Pour moi, je ne suis point si prompt
à m'émouvoir, et pour haïr ou mépriser les gens,
il me faut des raisons plus solides. S'il m'arrive
jamais de haïr ou de mépriser un gouvernement quelconque, ce ne sera point, je le jure,
parce qu'un de ses ambassadeurs, désirant être

reçu par un ministre étranger, aura attendu plus ou moins longtemps son audience.

Mais parlons d'un sujet plus agréable et revenons à un pays libre, du moins en espérance, si cette nouvelle sur la future constitution de la Russie vient à se confirmer. Vraie ou fausse, cette nouvelle indique clairement que, selon l'opinion générale, il est de l'intérêt de l'empire russe de chercher dans l'établissement d'un gouvernement libre, pour la Russie elle-même, un moyen honorable d'échapper aux embarras que lui cause la Pologne. Malgré la réserve aisée à prévoir de l'Angleterre et de l'Autriche, malgré le refus de l'armistice que les trois puissances ont inutilement demandé et que deux d'entre elles étaient décidées à ne point imposer par les armes, il était difficile à la Russie de rester sourde à la voix de l'Europe et de ne pas donner suite à ses propres engagements, puisqu'à l'exception de l'armistice et du congrès, elle avait accepté les six points qui lui étaient proposés. D'un autre côté, accorder à la Pologne, comme le prix de l'insurrection, des libertés encore ignorées du reste de l'empire, ce n'eût pas

été seulement un acte injuste, mais un acte dangereux.

Le gouvernement russe était donc conduit (sans
même tenir compte du courant libéral qui entraîne
aujourd'hui la plupart des nations de l'Europe) à
chercher une combinaison qui lui permît de satisfaire les vœux raisonnables de la Pologne, sans
humilier et sans mécontenter la Russie. De là ce
projet de constitution, dont je souhaite ardemment la réalité et le succès, puisque avec le temps
il donnerait à la justice et à la liberté un nouveau
foyer dans le monde. Si ce qu'on dit est vrai,
l'empire russe, divisé en neuf grandes provinces,
jouissant chacune d'un gouvernement intérieur et
d'une assemblée libre, mais envoyant des députés
au parlement général de l'empire, offrirait un
spectacle très-analogue à celui que l'Autriche
donne aujourd'hui aux yeux étonnés et satisfaits
de l'Europe libérale.

Quant à la Pologne, qui jouirait de sa Diète nationale et de son administration indépendante, et
qui pourrait bien être tentée de refuser d'envoyer
des députés à l'assemblée générale de l'empire,

elle occuperait à peu près en face du gouvernement russe la situation faite aujourd'hui à la
Hongrie en face du gouvernement autrichien.
C'est assez dire qu'elle ne serait plus en état de
causer à la Russie de sérieuses alarmes, parce que,
dans cette situation nouvelle, l'appui de l'Europe
ferait probablement défaut aux mécontentements
de la Pologne. La Hongrie, qui laisse volontairement sa place vide au Parlement de Vienne, et qui
ne veut point figurer à son rang dans cette confédération de peuples libres, trouverait aujour-
d'hui bien peu de sympathie dans l'opinion de
l'Europe, si elle se soulevait contre l'Autriche, et
elle n'aurait aucune chance d'être secourue. Cette
liberté générale de l'empire, que l'Autriche a op-
posée avec succès à la Hongrie, la Russie va,
dit-on, l'adopter à son tour et s'en servira pour
désarmer la Pologne.

Quel que soit le résultat de ces efforts, monsieur le rédacteur, je ne pourrais y voir autre chose
que le plus grand et le plus éclatant hommage
que la liberté puisse recevoir, et de tels événements seront la marque distinctive de notre siècle

aux yeux de la postérité. On avait vu jusqu'ici la
liberté revendiquée contre les princes, soit par
une fière aristocratie, soit par une bourgeoisie
lassée d'obéir à ceux qu'elle méprise, soit par une
multitude en fureur, mais on ne l'avait pas vue
encore embrassée, comme un appui suprême, par
les chefs mêmes des empires effrayés de les sentir
se dissoudre ou menacés de la guerre étrangère.
On se précipite aujourd'hui dans la liberté comme
dans un asile; on l'appelle au sortir des champs de
bataille comme un médecin secourable, habile à
rouvrir les sources de la vie et à fermer les plus
profondes blessures; on la saisit et on l'oppose
comme un bouclier aux projets des ambitieux qui
ont quelque intérêt à troubler le monde ; on se
jette à ses genoux et on l'étreint comme la statue
de quelque puissante déesse dont l'attouchement
est salutaire et dont la main suffit pour éloigner la
mort.

Et cette liberté, quelle est-elle, monsieur le rédacteur ? Quelle forme prend-elle partout où elle
fait son entrée dans le monde, sinon cette forme
claire, simple, inévitable d'assemblées délibérantes

influant, par leurs votes, sur la composition et
sur la durée de cabinets responsables ?. L'Autriche
a ses ministres responsables comme l'Espagne et
l'Italie ; la Russie aura bientôt les siens ; nous
seuls (M. de Persigny l'assure), nous continuerons
à nous en passer, ce qui ne nous empêche pas,
selon cet orateur, de jouir de la liberté politique.
Hélas ! monsieur le rédacteur, je sens trop bien que
M. de Persigny se trompe, puisque je dois résister
à la tentation de discuter son discours. En vérité,
il y aurait trop à dire sur sa théorie qu'un gouvernement est d'autant plus agréable à tous les partis qu'il leur emprunte à tous quelque chose, et
qu'il confond ensemble tous leurs principes ; sur
l'impossibilité prétendue d'acclimater des cabinets
responsables chez une nation démocratique, sur
le merveilleux secret que M. de Persigny possède
(en se gardant bien toutefois de le révéler) de séparer absolument le pouvoir exécutif du pouvoir
législatif sans dommage pour la liberté ; si bien
qu'il faudrait appeler *libre* un peuple qui demanderait la paix par la voix de son pouvoir législatif,
tandis que son pouvoir exécutif ferait la guerre ;

13

sur tous les points enfin de ce singulier discours,
s'il n'était point aujourd'hui convenu qu'un ministre descendu du pouvoir est par là même affranchi de la censure des journaux.

C'est dans votre journal même, monsieur le rédacteur, que j'ai lu cette maxime généreuse, fort à
la mode, d'ailleurs, dans notre pays chevaleresque,
et je ne puis m'empêcher de la trouver plus commode pour les ministres au pouvoir ou en disponibilité qu'avantageuse au public. Voyez, en effet,
à quelle étrange situation nous conduit cette belle
coutume. Un ministre de l'intérieur au pouvoir n'est
guère exposé, vous en conviendrez, à être blâmé
par les journaux qu'il tient dans sa main puissante ; la prudence la plus vulgaire nous interdit
de le toucher ; descend-il du pouvoir, c'est la gé-
nérosité qui arrive, et le silence prudent devient un
silence chevaleresque, ce qui ne l'empêche pas de
rester toujours le silence. On avait trop peur hier,
on est trop généreux aujourd'hui. Ajoutez que,
par le temps qui court et sous les institutions qui
nous régissent, entre un ministre en disponibilité
et un ministre en exercice la différence n'est pas

grande ; ces personnages qui se succèdent comme les auxiliaires divers, mais également dociles de la politique du souverain, vont et viennent avec une extrême facilité; et, pour peu qu'ils soient membres du conseil privé, ils peuvent à peine s'apercevoir qu'ils ont quitté le ministère[1]. Nous avons, enfin, une autre raison pour traiter avec égard la philosophie politique de M. de Persigny, c'est l'ancienneté et la sincérité de ses théories sur le pouvoir exécutif et contre le gouvernement parlementaire, car il n'est pas de ceux qui ont protesté contre le 2 décembre et tenu bon jusqu'à la dernière heure pour la souveraineté des assemblées.

Mais la sincérité et l'ardeur des opinions ne suffisent pas toujours à les répandre, et j'espère que le discours de M. de Persigny aura, sur le public, la même influence que sa célèbre lettre électorale, qui est venue seconder si à propos l'élection de M. Thiers.

---

[1] Les membres du conseil privé ont un traitement de 100 000 fr. comme les ministres, mais ces deux traitements ne se cumulent pas, si bien qu'un membre du conseil privé qui devient ministre touche seulement 100 000 fr. comme ministre, et lorsqu'il cesse d'être ministre, il touche toujours 100 000 fr. comme membre du conseil privé. Le traitement de sénateur de 30 000 fr. se cumule avec l'un ou l'autre de ces deux traitements.

XVIII

Sur notre campagne diplomatique en faveur de la Pologne.

4 octobre 1863.

Monsieur,

Je rentre à Paris après quelques semaines d'absence ; je n'ai vu personne, je ne suis au courant de rien et je n'ai encore entendu aucun des bruits sur lesquels raisonnent d'ordinaire les gens bien informés ; je ne connais donc l'état de la question polonaise que par les documents officiels lus dans les journaux étrangers sur des tables d'auberge, et suis tenté de croire que je suis par cela même dans les conditions les plus favorables pour juger de sang-froid et avec les seules lumières du bon sens, la situation dangereuse et presque violente dans laquelle nous sommes.

Le gouvernement français, et, avec lui, les deux gouvernements qui lui ont fait cortége, ont enfin touché le fond de l'impasse auquel les négociations engagées sur la Pologne ne pouvaient manquer d'aboutir. Vous vous souvenez peut-être, monsieur le rédacteur, comment nous avons annoncé et expliqué, dans ce journal même, que la Russie, facile à convertir (au moins en théorie) sur les six points, ne cesserait de se montrer inflexible sur l'armistice, et refuserait constamment, tout en promettant les plus grands égards à la Pologne vaincue, d'accorder quoi que ce soit à la Pologne en armes. Un instant, on a pu croire (et je ne rougis nullement de l'avoir espéré dans l'intérêt de la paix du monde) que le gouvernement russe, précipitant l'accomplissement de ses desseins, confondrait dans des libertés nouvelles accordées à tout l'empire les seules concessions qu'on pût os-tensiblement lui demander pour la Pologne. Je ne vois pas comment la dignité du gouvernement russe aurait pu souffrir de cette démarche habile

et courageuse, qui aurait fermé, bon gré mal
gré, la bouche de la diplomatie européenne, et
qui aurait du même coup privé l'insurrection polonaise de tout encouragement sérieux venu de
l'étranger. Mais la Russie, aussi sûre, hélas ! que
nous l'étions nous-mêmes des dispositions pacifiques de l'Angleterre et de l'Autriche, a préféré
revendiquer hautement et exercer dans leur plénitude ses droits de puissance indépendante, et
elle a clos les négociations par le mémoire et par
la note que vous savez.

Il faut être équitable et sincère : autant la cause
de l'insurrection polonaise est légitime, si l'on
consulte le droit naturel et surtout ce droit incontestable (plus en faveur aujourd'hui que jamais)
qu'ont les nations conquises de secouer leur servitude, autant la Russie est invincible lorsqu'elle
s'appuie sur ses droits de puissance souveraine et
sur les traités eux-mêmes pour ajourner à la paci-
fication de la Pologne les réformes qui lui sont de-
mandées et pour écarter jusque-là l'intervention
de l'Europe. Or, on ne peut négocier sur quelque
sujet que ce soit en prenant le droit naturel pour

point de départ; c'est du droit écrit et des traités
qu'il faut partir. C'est ce que nous avons fait en
négociant pour la Pologne et en demandant pour
elle des réformes qui ne touchaient nullement la
limite de ses espérances ou de nos vœux. Mais
tandis que nous étions ainsi obligés de mesurer
tant bien que mal, sur le droit écrit les demandes
que nous avons été entraînés à faire, nous ne pou-
vions nous empêcher de juger au point de vue du
droit naturel, les réponses qui nous étaient en-
voyées. Si vous écoutez ceux qu'intéressent vivement les cruelles épreuves de la Pologne, vous
surprendrez sans cesse cette confusion dans leur
esprit et dans leur langage. Ils approuvent (et il
faut bien l'approuver) qu'on négocie pour la Pologne en prenant pour texte et pour règle les traités de 1815. Mais quand la Russie s'appuie sur ces
mêmes traités pour nous répondre et en triomphe,
c'est au point de vue du droit naturel que le public juge cette réponse : l'Anglais la trouve injuste,
et le Français, qui a une raison de plus pour ne
point l'aimer, la trouve amère. Elle est amère, en
effet, et la sécurité de la Russie est bien grande,

si on doit la mesurer à la fierté dédaigneuse du ministre qui a parlé en son nom.

Cette sécurité, d'où vient-elle? De la conviction bien arrêtée que la France seule peut avoir le désir d'affranchir la Pologne par les armes, et que, si elle en a le désir, elle n'en a pas le pouvoir. La Russie a été aussi surprise que nous-mêmes de voir l'Autriche entrer dans la campagne diplomatique entreprise en faveur de la Pologne, mais elle n'a jamais imaginé que le possesseur de la Gallicie allât jusqu'à prendre les armes pour ouvrir aux habitants de Varsovie le chemin de l'indépendance. Non-seulement, à moins d'un miracle, il est moralement impossible à l'Autriche de prendre les armes pour la Pologne, mais il lui est même interdit, par sa situation géographie, de reconnaître les Polonais comme belligérants et de se tenir dans ce juste milieu entre la guerre et la paix, que l'Angleterre et la France pourraient à la rigueur adopter. On ne traite pas son voisin de la sorte, et surtout un voisin tel que la Russie, sans avoir pris son parti de lui faire la guerre, et si la Russie peut, à la rigueur, souffrir une telle déclaration de la part des puissances occidentales séparées d'elle par l'Allemagne et par la mer, elle n'endurerait pas un instant d'une puissance limitrophe un tel acte d'hostilité. La Russie refuse donc de compter l'Autriche au nombre de ses adversaires. Quant à l'Angleterre, si quelque Français veut encore espérer son concours pour la Pologne après le discours de lord Russell, c'est que ce Français a résolu de ne rien entendre ou de ne rien comprendre. J'ai vu dans je ne sais quel journal que lord Palmerston pourrait se montrer moins pacifique que lord Russell ; j'ignore ce que pense lord Palmerston, mais il ne gouverne pas plus l'Angleterre que M. Drouyn de Lhuys ne gouverne la France ; ces deux ministres ont chacun leur maître; celui de M. Drouyn de Lhuys siége, comme *le Moniteur* nous le rappelle, aux Tuileries; celui de lord Palmerstou siége à Westminster et s'appelle le parlement; or, le seul échec que lord Palmerston ait éprouvé pendant la dernière session de la chambre des communes lui a été attiré par sa sympathie pour une motion de M. Hennessy en faveur de la Pologne. Soyons donc bien persuadés, monsieur le rédacteur, que si, cette fois encore, l'Angleterre, convaincue de notre désintéressement, nous voit sans déplaisir près de prendre les armes *pour une idée*, elle ne nous accompagnera que de ses vœux dans cette seconde lutte, comme dans la première, et nous en laissera volontiers tout le péril et tout l'honneur.

Que ferons-nous donc, monsieur le rédacteur? ou plutôt que fera le gouvernement? car c'est lui et non pas le public que cette affaire regarde. Il n'y a plus que deux partis à prendre, et l'on en imaginerait difficilement un troisième : ou bien il faut faire comme l'Angleterre et l'Autriche, empocher tranquillement l'affront (*quietly pocket the insult*), comme le dit aujourd'hui le *Times* [1], et sourire de notre déconvenue (*smile at the ridiculous figure*);... ou bien il nous faut, tout seuls, déclarer intolérable la conduite de la Russie et entreprendre, tout seuls, de lui faire la guerre. Ni l'une ni l'autre de ces conduites ne peut être agréable au gouvernement français, bien qu'il soit

---

[1] 29 septembre.

obligé de choisir entre les deux. Faire la guerre tout seul à un ennemi qu'on ne peut atteindre et que l'hiver rend inviolable, paraît presque impossible, et l'on ne peut oublier (alors même que le prince Gortschakoff n'aurait pas eu l'attention de nous le rappeler) que le plus hardi capitaine des temps modernes n'a osé envahir la Russie qu'après avoir réduit toute l'Allemagne à marcher sous son drapeau. D'un autre côté, rester en paix et mettre dans la bouche de nos ministres orateurs, pour la session prochaine, un langage semblable à celui du *Times*, pour le fond, sinon pour la forme, ce n'est pas non plus, pour un gouvernement qui se pique plus qu'aucun de ses devanciers de quelque fierté dans sa politique étrangère, une perspective bien séduisante.

On peut, sans aucun doute, venir dire à la Chambre et au pays : « J'ai voulu obtenir un armistice et des réformes pour les Polonais insurgés, et je me suis entendu, dans cette intention, avec l'Autriche et avec l'Angleterre. Nous avons fait notre demande et essuyé un refus ; nous avons renouvelé notre demande et essuyé un se-

cond refus, accompagné de l'invitation expresse
d'en rester là et de nous mêler désormais de nos
affaires, ainsi que vous avez pu le voir dans des
documents que toute l'Europe sait aujourd'hui
par cœur. Là-dessus, j'ai vainement tenté d'encourager mes alliés à pousser plus loin l'affaire,
et, les trouvant résolus à se tenir tranquilles, je
me suis résigné à faire comme eux. Si bien
qu'après avoir donné tous les trois à la Russie des
conseils qu'elle n'a point suivis, nous avons pris
tous les trois le parti de suivre le conseil qu'elle
nous donne. Nous avons donc conservé la paix et
ajouté une page de plus (et non pas certes la moins
mémorable) à l'histoire interminable des négociations de la France en faveur de la Pologne. »

Certes, ce discours en lui-même n'a rien de
trop déraisonnable, et bien des gens s'en con-
tenteraient, tout en déplorant qu'on eût ainsi pendant de longs mois abreuvé les Polonais de vaines
espérances. Vous savez cependant qu'un discours
doit être non-seulement bon en lui-même, mais convenable dans la bouche de celui qui le prononce.

Quis tulerit Gracchos de seditione querentes ?

est un vers injuste au point de vue historique, comme l'a éloquemment prouvé M. Ampère dans sa récente et belle étude sur les Gracques [1], mais c'est un vers éternellement vrai au point de vue moral, et il n'est point permis à toutes sortes de gouvernements d'endurer toutes sortes d'échecs et de s'y résigner. Supposons, par exemple, un gouvernement accoutumé à se dire plus jaloux qu'aucun autre de l'honneur national, enclin même à reprocher à ses devanciers leur trop grande patience, et les accusant volontiers d'avoir mieux su parler qu'agir, n'est-il pas clair que ce gouvernement serait plus embarrassé qu'aucun autre pour accomplir publiquement cette pénible opération que le *Times* du 29 septembre définit et approuve dans un langage si exact et si dur? N'en est-il pas de même, d'ailleurs, dans la vie de tous les jours? Un honorable bourgeois, notoirement pacifique, à moins d'absolue nécessité, ne peut-il point, sans déshonneur, endurer quelque chose de plus qu'un brave à trois poils qui s'est fait plusieurs affaires et qui,

---

[1] *Revue des Deux Mondes* du 1er septembre.

à défaut d'autres mérites, tient particulièrement à garder ce genre de réputation dans le monde?

Je ne veux donc point répondre de la paix, monsieur le rédacteur; et bien que la guerre entreprise isolément par la France me semble aussi difficile à imaginer qu'à conduire, s'il fallait absolument parier, je parierais plutôt pour la guerre. Il me paraît bien difficile qu'on laisse les Polonais périr après avoir ainsi négocié pour eux et bruyamment gémi sur leur sort. N'ont-ils pas été encouragés par cette sympathie publique, et ne pourrait-ils pas dire qu'au rebours de cette malade, sauvée par Jésus-Christ, parce qu'elle avait *cru* en lui, ils succombent parce qu'ils ont cru à la puissance et à la pitié de l'Occident? N'oublions pas cependant que si ce grand tumulte s'élève, il fixera aussitôt les yeux de toute la terre. J'ai lu dans un journal anglais (aussi je ne garantis point l'exactitude de l'histoire), que le président d'un de nos comices agricoles ayant voulu parler malgré l'autorité, on avait couvert sa voix par un roulement de tambour. Si l'on avait tiré le canon, c'eût été pis encore. En vérité, lorsque je songe à la possibilité de cette terrible guerre, je ne puis m'empêcher de sourire de notre laborieuse campagne électorale et de la satisfaction que les élections de la Seine nous avaient inspirée.

XIX

**Aurons-nous la paix ou la guerre? — Pas de devoir sans droit.
Un contingent imprévu pour la guerre du Mexique.**

18 octobre 1863.

Monsieur,

Il faut avouer que nous vivons dans un temps
admirable, et ceux qui aiment les surprises n'ont
pas lieu de se plaindre d'être nés Français et sujets du second Empire. Il y a peu de jours encore,
la Presse, qui a défendu la paix avec tant de talent et de courage, se déclarait vaincue : « *L'Opinion nationale* triomphe, s'écriait-elle ; partez
pour la Russie, puisqu'on ne peut vous retenir, et
tâchez de n'en pas revenir comme en 1812. »
Deux jours après ce cri d'alarme, *le Constitutionnel* publie sur la question polonaise un pompeux

article à peu près inintelligible pour le public, mais plein de sens pour les habiles, puisque *l'Opinion nationale* et *la Presse* l'ont compris de même, et M. Guéroult a pris immédiatement le deuil que M. de Girardin venait de quitter. Que deviendrait la France, inquiète après tout de son avenir, si l'abominable amphigouri des journaux officieux n'était ainsi traduit pour tout le monde par les vives impressions de ceux qui ont la clef de ce langage et qui sont en état de le bien comprendre ? Cette fois pourtant, en voyant *le Constitutionnel* tonner plus fort qu'à l'ordinaire contre le gouvernement de Juillet, flétrir de nouveau la politique de 1840 et parler plus que jamais du drapeau de la France heureusement relevé, plus d'un lecteur avait déjà cru deviner que le vent tournait à la paix, et qu'on avait senti quelque part la nécessité de couvrir une conduite prudente sous la fierté croissante du discours. Les choses ne se passent-elles pas ainsi dans toute armée bien conduite ? C'est au moment de faire retraite que le feu redouble, et les canons ne tonnent jamais plus haut qu'un instant avant de reculer. Voilà le spectacle auquel

nous assistons aujourd'hui ; la ligne des journaux
officieux est tout en flammes, et le gouvernement
de Juillet va passer un bien mauvais quart d'heure,
puisqu'on a pris enfin le parti de l'imiter.

L'imiter ! s'écrie déjà la presse officieuse ; y
songez-vous ? quelle différence ! En effet, la différence est grande. Le gouvernement de Juillet n'a
jamais poussé si loin son intervention diplomatique pour la Pologne ; il n'a jamais fait le quart du
chemin qu'on a fait aujourd'hui dans l'impasse où
l'on a engagé notre politique ; sachant qu'il ne
pouvait qu'écrire en faveur des Polonais, le gouvernement de Juillet a su se borner au strict nécessaire, et ne les a pas enivrés par l'abondance et
par l'ardeur de ses écritures ; décidé à ne pas tirer
l'épée, il n'a point brandi la plume d'une façon
conquérante ; il s'est gardé surtout de traiter avec
hauteur la timidité de ses devanciers, et de témoigner un superbe dédain pour ceux qui parlent sans
agir. On disait : *Noblesse oblige ;* on peut bien dire,
avec la même vérité : *Mépris oblige ;* et c'est une
situation singulière que de se trouver conduit à
faire précisément ce qu'on a le plus durement blâmé.

C'est une situation à laquelle, pour ma petite
part, monsieur le rédacteur, j'ai toujours cherché
à m'exposer le moins possible. Je ne puis donc
laisser passer sans protestation l'assertion du *Pays*,
qui a bien voulu lire et critiquer la dernière lettre
que j'ai eu l'honneur de vous écrire. S'il fallait en
croire ce juge sévère, j'aurais, d'une part, montré
tous les périls de la guerre de Pologne, entreprise
isolément par la France ; et, d'autre part, j'aurais
fait à la France « un devoir d'honneur de s'y précipiter sans délai. » Si j'étais partisan des avertissements (comme on l'a soutenu presque sans rire au
temps des élections), j'avertirais volontiers *le Pays*
pour avoir *dénaturé* ma pensée, selon la formule
consacrée dans ces documents officiels, dont la
collection fera l'étonnement de la postérité. Non,
je n'ai point dit l'absurdité que *le Pays* me prête.
J'ai certainement dit que la guerre, entreprise
isolément par le gouvernement français pour la
Pologne, serait un acte téméraire et plein de dangers pour le pays, et je ne puis lire *l'Opinion nationale* sans en être tous les jours convaincu
davantage. J'ai dit de même que la paix, après les

démarches faites et les réponses reçues, était plus
difficile à supporter pour le gouvernement actuel
que pour aucun autre, et les efforts désespérés du
Constitutionnel pour cacher cette vérité en donnent une preuve suffisante. Mais, malgré mes
sympathies pour la Pologne, je n'ai jamais imaginé
qu'elle pût gagner quelque chose à voir notre pays
entreprendre seul la guerre contre la Russie inaccessible, en face de l'Europe d'abord inactive et
bientôt malveillante. Ce qui a été surtout à cent
lieues de ma pensée, c'est de mêler le nom de la
France à tout cela, et de prétendre qu'elle ait un
devoir quelconque dans cette affaire. Qu'est-ce que
la France, sinon le public, vous, moi et tout le
monde? Or, il n'y a pas de devoir sans droit, et
quel droit avons-nous de nous mêler de notre politique étrangère? Comment ! M. Drouyn de Lhuys
lui-même a fait déclarer au *Moniteur* que tout
cela ne le regardait qu'à demi et qu'il n'en était
pas responsable, et nous, qui ne sommes pas même
chargés de copier les dépêches ou de les cacheter
ou d'en écrire l'adresse, nous, qui avons à peine, .
de temps à autre, la permission de les lire, nous

aurions un devoir ou une responsabilité quelconque dans une affaire à laquelle nous sommes aussi étrangers que l'enfant qui vient de naître ! Jamais une pensée aussi injuste n'est entrée dans mon esprit, monsieur le rédacteur, et il n'est pas équitable au *Pays* de me la prêter.

C'est donc en spectateur ému, puisqu'il s'agit d'une nation généreuse combattant pour son indépendance, mais ce n'est nullement en spectateur responsable que j'assiste aux laborieux efforts de ceux que cela regarde pour prendre en face de la Russie, arrogante et tranquille, une situation qui ne soit ni la paix ni la guerre, afin d'échapper en même temps aux périls de la guerre et à l'humiliation de la paix. Tâche aussi difficile, monsieur le rédacteur, que de trouver un juste milieu entre la servitude et la liberté, et bien fin celui qui donnera, comme on dit dans les mathématiques, une *solution élégante* à ces deux terribles problèmes. Si l'on ne marchait qu'avec l'Angleterre, rien ne serait plus simple que de faire en commun quelque démonstration fastueuse qui ne romprait pas absolument la paix, et que la Russie serait bien

obligée de subir, soit la reconnaissance des Polonais comme belligérants, soit une déclaration pla-
tonique contre ce qui reste des traités de 1815,
soit une protestation foudroyante contre la Russie,
soit tout cela ensemble, ce qui ne coûterait qu'un
peu d'encre de plus sans conduire plus loin qu'on
ne voudrait. Mais l'Autriche est là, qui ne peut
faire aucune de ces démarches sans en rendre
compte à son voisin, et qui ne peut avoir tous ces
grands mots sur les lèvres sans être aussitôt forcée
de mettre la main à l'épée. La situation de l'Autriche, monsieur, c'est la pierre de touche de
l'équivoque dans cette affaire ; et l'Autriche ne
peut se prêter longtemps aux combinaisons de
ceux qui ont également peur de la guerre et de la
paix.

Il y a longtemps que les mots étroitement unis
de *paix* et de *liberté* sont la devise de ce journal,
monsieur le rédacteur ; nous souhaitons donc la
paix sans nous mêler de prédire. De même que
l'on est tenté de croire à la guerre lorsqu'on songe
aux embarras que la paix peut donner à notre
gouvernement, on ne peut s'empêcher de compter

presque sur la paix lorsqu'on songe aux entreprises guerrières qu'il a déjà sur les bras. L'affaire du Mexique, par exemple, n'est-elle pas faite pour lui suffire, et n'est-ce pas une occupation assez intéressante que de tenir en lisière le nouvel empire jusqu'au jour où il pourra marcher tout seul? Vous savez que l'archiduc Maximilien (qui paraît avoir adopté le style mexicain avec une merveilleuse facilité) s'est défini lui-même « un soldat décidé à répondre à l'appel de la Providence. » Hélas! que j'en ai vu partir dans toutes les affaires humaines, de ces soldats qui ont cru entendre la Providence battre la charge, tandis qu'elle sonnait la retraite! J'ai vu avec plaisir dans le même discours que cet archiduc, qui a longtemps gouverné Venise sans songer à envoyer des bulletins de vote aux Vénitiens, veut qu'on porte en toute hâte une cargaison de *oui* et de *non* au Mexique ; scrupule tout nouveau qui atteste, de la part de ce bon prince, soit un progrès rapide dans la morale politique, soit une appréciation plus exacte des avantages qu'offre cette méthode de consulter les peuples. Enfin, monsieur le rédac-

teur, je me reprocherais de ne pas vous témoigner
la joie que j'ai ressentie en lisant dans le compte
rendu si solennel et si amusant que le *Mémorial
diplomatique* nous a donné de cette affaire, que
« la présence de la princesse incomparable, em-
menée par l'archiduc au Mexique, vaut une armée
de *quarante* mille hommes et que pas un juariste
ne pourra la voir sans être converti au nouvel
ordre de choses. » Il y a bien *quarante* mille
hommes ; mais en faisant la part de l'exagération
et en réduisant à *vingt* mille le contingent des
beaux yeux de la princesse, quelle économie pour
notre budget, quelle joie dans nos chaumières de
revoir vingt mille Français, ainsi remplacés par
l'éclair de ces beaux yeux et dispensés de concourir
à la régénération de la race latine au Mexique !
Voilà ce qu'ignoraient ceux qui blâmaient inconsi-
dérément cette vaste entreprise. Si les orateurs
du gouvernement avaient seulement annoncé cette
réserve de vingt mille hommes casernés dans des
yeux incomparables, qui ne se fût senti rassuré ?
mais ils ont été, comme à leur ordinaire, ou trop
discrets ou mal instruits. Pour moi, je persiste,

malgré ce renfort inattendu, à mal augurer du nouvel empire; et pour employer, comme le *Mémorial diplomatique*, le langage de mademoiselle de Scudéry (qui convient si parfaitement d'ailleurs à cette affaire), je suis toujours convaincu que les États-Unis feront de l'empereur du Mexique « un prince déplorable » aussitôt que nous aurons le dos tourné.

Pour terminer par une affaire plus sérieuse, je saluerai avec joie la convocation du corps législatif, enfin fixée au 5 novembre. Vous direz, sans doute, qu'il n'y a rien là de si extraordinaire, que cette convocation était inévitable, que la constitution l'ordonnait expressément. D'accord, je n'en disconviens en aucune manière; mais je suis si peu habitué à voir se réaliser ce que je désire et arriver ce qui m'est agréable, que je considère cette prochaine réunion du corps législatif comme un véritable bonheur. Je dirai donc aux députés de l'opposition, avec une vive amitié pour quelques-uns, et avec de bons sentiments pour tous : Ayez bon espoir et bon courage, jamais la France n'a été plus avide d'entendre la voix de ceux qui ont l'honneur de la représenter. Jamais ils n'ont eu d'aussi grands devoirs envers leur pays et envers le monde.

XX

Dialogue des orateurs, ou plan de campagne pour les avocats du gouvernement
au corps législatif.

1er novembre 1863.

A. — Où allez-vous si vite ?

B. — Nulle part. Je cours pour m'étourdir ;
j'arpente les nouveaux boulevards et je regarde
les constructions nouvelles pour changer, si je
puis, le cours de mes idées ; car je suis accablé de
tristesse et je ne veux point cacher à un ami tel
que vous que je suis au désespoir.

A. — Au nom du ciel ! que vous est-il arrivé ?

B. — Mon ami, tel que vous me voyez, moi
qui vous parle, j'ai failli être ministre-orateur.

A. — En serait-on venu là ?

B. — Je sais que vous me connaissez mal et que vous me jugez sévèrement....

A. — A Dieu ne plaise que je manque à ce point de justice et de politesse ! Je sais que vous avez été avocat et que vous êtes capable de vous tirer d'un dossier tout comme un autre ; mais inconnu comme vous l'êtes, vivant éloigné des regards du prince...

B. — Justement ; c'était le fondement de mon espérance. Le vent est aux inconnus ; rien n'est plus recherché que les inconnus ; ils sont hors de prix par le temps qui court. Puis, j'avais présents à l'esprit de nombreux et encourageants exemples, tel officier tiré opinément d'Afrique, tel préfet appelé tout à coup de Toulouse, tel professeur fait ministre à son insu. Je ne demandais donc au ciel qu'une audience, et je m'y étais préparé de telle sorte qu'elle eût porté un coup décisif en ma faveur. Je serais devenu en un instant l'homme nécessaire.

A. — Et comment ! Croyez-vous donc qu'aucun gouvernement ait jamais manqué d'avocats et de panégyristes ? Vous auriez apporté au palais du

prince une marchandise toujours trop abondante
pour y être jamais à haut prix.

B. — Que vous êtes simple ? Croyez-vous donc
que je me serais présenté là en flatteur, avec de
plats compliments sur les lèvres ? J'ai meilleure
idée du maître, et je sais qu'en lui parlant de la
sorte, on ne lui donne que fatigue et dégoût. Je
serais venu, tout au contraire, armé d'une honnête
indépendance, légèrement improbateur, et cependant tout près d'approuver, plein de bons conseils, mais ne les laissant échapper qu'avec une
sorte de pudeur, semblable à celle du bel Hippo-
lyte, nullement complaisant,

Mais fier et même un peu farouche,

comme dit Racine, un des nôtres (je veux dire un
de nos grands poëtes ; mais j'ai pris en bon lieu
ces façons de parler). Enfin, j'aurais fait naître
l'envie de me toucher, et je me serais laissé faire.

A. — Supposons tous vos désirs accomplis, vous
voilà ministre-orateur ou ministre d'État, ou vice-
président du Conseil d'État, car je me perds un
peu dans les perfectionnements si rapides du

14.

pacte fondamental ; vous voilà enfin, pour parler
net, assis au banc de la défense. Avez-vous réfléchi
à la tâche difficile que vous auriez acceptée, à la
responsabilité que vous alliez encourir ?

B. — Responsabilité ! Rayez ce mot de vos papiers. Je n'aurais été pas plus responsable que
M. Drouyn de Lhuys, et ce n'est pas peu dire.
Mais je vous comprends, vous me demandez si
j'étais bien préparé à ma besogne ? Eh bien, oui,
j'y étais préparé, et c'est ce qui me désole ! Tant
de méditations inutiles ! tant de travail superflu !
J'avais réponse à tout ; j'étais prêt sur tout ; je
pouvais aborder tout : la Pologne, les élections, le
Mexique, les finances, l'Italie, le libre-échange,
les droits de la papauté, les choses terrestres et
maritimes aussi bien que les choses célestes, tout,
enfin, et ce sont ces discours mort-nés qui m'étouf-
fent ; je les ai sur le cœur ou plutôt dans la gorge,
et je sens que j'en mourrai.

A. — Vous pourrez peut-être, avec des protec-
tions, vous en soulager dans les papiers publics,
et en faire autant d'articles pour *le Constitutionnel*.
Mais j'ai peine à comprendre comment vous pou-

viez être prêt sur toute chose. Qu'auriez-vous dit, par exemple, sur la vérification des pouvoirs, sur certaines élections contre lesquelles les protestations abondent et qu'on prétend entachées de grands scandales?

B. — Ce sujet-là était pour moi le plus commode; j'étais même bien aise de débuter par là pour me faire la main sans grande difficulté et sans péril. J'aurais donc laissé dire l'opposition; puis, les griefs des mécontents une fois racontés, j'aurais dit aux autres : « Vous sentez-vous irrégulièrement élus? Mettez la main sur vos consciences, plongez-vous dans vos souvenirs. On se plaint des préfets, des gardes champêtres, des parquets, des juges de paix, des cantonniers, des bedeaux, des fossoyeurs, etc.... Trouvez-vous tous ces gens-là malfaisants ou inutiles? Êtes-vous d'avis qu'ils n'ont rien à voir aux élections? Que ceux d'entre vous qui pensent de la sorte lèvent la main, et la prochaine fois on les délivrera de tout ce cortége, et on les laissera se tirer d'affaire comme ils le pourront. » Que pensez-vous de l'effet qu'aurait produit ce petit discours?

A. — Vous dites beaucoup de choses en peu
de mots ; vous auriez eu cependant de la peine à
tout défendre ; n'auriez-vous fait aucun sacrifice ?

B. — J'aurais fait mieux, j'aurais fait un
exemple. Il y a un certain M. Pelletan, qui n'a été
élu, dit-on, qu'à l'aide des manœuvres les plus
audacieuses. Abusant de son immense fortune, il
a semé l'or à pleines mains. Bien plus, il a usé
d'intimidation, et, affectant d'avoir dans les conseils du pouvoir certaine influence (qu'il n'a d'ailleurs jamais méritée), il a menacé les cabaretiers
de Sceaux de leur faire retirer l'autorisation nécessaire pour donner à dîner aux Parisiens dans les
arbres. Il a comparé ces tables suspendues aux
jardins de Sémiramis, et a dit qu'il renverserait
au besoin cette nouvelle Babylone. Vous savez
combien les électeurs ruraux sont timides, et
comme il est aisé aux candidats de l'opposition de
les faire trembler. Ce M. Pelletan est, m'a-t-on dit,
le plus fin, le plus subtil et le plus hardi des ambitieux. Figurez-vous qu'à Aix même on a failli
voter pour lui; il avait su persuader à une partie
du peuple qu'on ne pouvait obtenir autrement

que par lui le canal qui fait sécher cette malheureuse ville dans les plus. cruelles alternatives de
crainte et d'espérance ; il a fallu que M. le premier président fît les plus grands efforts pour persuader à tous que c'était seulement à travers
M. Calixte Bournat que ce canal pouvait enfin couler. Je sais que M. Pelletan est votre ami, mais je
n'aurais point sacrifié à cette considération la nécessité d'un exemple et le plaisir de faire mon devoir.

A. — Peste ! quel beau discours ! L'exactitude
de vos informations égale la sévérité de vos maximes. Mais je vois qu'on ne vous eût point désar-
çonné sur les élections. Passons donc à autre
chose. Qu'auriez-vous dit sur cet oubli de la constitution que le vigilant M. de Girardin a si vite
signalé dans l'accroissement du nombre des con-
seillers d'État et dans la nomination de plusieurs
vice-présidents ?

B. — Vous croyez m'embarrasser, mais j'étais
prêt aussi là-dessus. J'aurais dit que M. Troplong
était malade, et que c'est précisément lui qui est
chargé d'avoir l'œil sur la constitution, afin de la

perfectionner quand il le faut. Tout cela peut être aisément réparé, il n'y a pas péril en la demeure.

A. — Soit ! Mais je ne puis m'empêcher de penser que vous m'avez trompé tout à l'heure.

B. — En quoi donc? Hélas ! je n'ai plus besoin de tromper personne !

A. — Vous étiez, m'avez-vous dit, prêt sur toute chose. Or, maintenant que j'approche des questions étrangères, je vois bien que vous vous êtes mépris. Comment, en effet, pouvez-vous être prêt à défendre une politique, ou, comme on dit aujourd'hui en style d'apothicaire, des *solutions* que vous ignorez encore? La Pologne? Rome? que pouvéz-vous savoir là-dessus de plus que le ministre des affaires étrangères? Étiez-vous prêt à défendre la guerre ou la paix pour la Pologne, l'évacuation ou l'occupation de Rome? Toute préparation est impossible sur un sujet incertain.

B. — Votre simplicité m'étonne, et je ne suis plus surpris de vous voir joué soús jambe par tout le monde. Vous ne serez jamais ni député, ni académicien, ni même chef de gare. Comment n'avez-vous pas deviné que j'étais prêt dans tous les

sens, que j'avais écrit et appris (car l'improvisa-
tion me déplaît) un discours pour la paix et un
discours pour la guerre, un discours pour le pape,
un discours pour les Romains? Je ne dis point
comme vous : *A tout sujet incertain, préparation
impossible ; je dis, au contraire : A tout sujet douteux, préparation double.*

A. — A la bonne heure. Eh bien, qu'auriez-
vous dit pour la guerre en faveur de la Pologne?

B. — Rien de plus simple. J'aurais dit d'abord
qu'à la rigueur cela ne regardait pas la Chambre,
vu que la constitution réserve au souverain le droit
de faire la paix et la guerre; que cependant on
voulait bien qu'elle dit son mot dans l'affaire, mais
que la question étant engagée par telle et telle démarche irrévocable, il fallait être le dernier des
Français et pis qu'un traître pour reculer ; que la
moindre division là-dessus est un encouragement
donné à l'ennemi, un affaiblissement pour le pays;
que nous n'étions pas de ces gouvernements qui
parlent sans agir ; que nous l'avions déclaré cent
fois, et qu'ayant beaucoup parlé, il fallait agir à
tous risques ; qu'il n'y avait d'ailleurs aucun

risque, vu que guerriers, lauriers, victoire et gloire
sont des mots français (et j'aurais ainsi excité
M. Belmontet à prendre la parole); qu'enfin
l'inertie de nos alliés n'était pas faite pour nous arrêter, et j'aurais fini en répétant cette belle parole du ministre-orateur de l'an dernier sur le
Mexique : Nous étions trois, deux ont lâché pied,
mais la France ne recule jamais. — Que pensez-
vous de mon plan de discours?

A. — Rien à répondre. Mais auriez-vous aussi
aisément justifié la paix?

B. — Bien plus facilement que la guerre, parce
qu'alors j'aurais eu pour moi le sentiment de la
Chambre, tandis qu'il faudrait lui faire une douce
violence pour lui faire applaudir à la guerre. Mais
pour la paix, ce seul mot, prononcé avec autorité,
m'eût fait couvrir d'acclamations. Ah! la belle
journée que j'ai perdue ! « Sommes-nous donc de
ces fous, aurais-je dit, qui ne rêvent que sang et
ruines, et n'avons-nous pas donné des garanties
de notre sagesse? Certes, nous avons le cœur haut,
et si nos alliés avaient voulu combattre avec nous
aussi bien qu'écrire dans notre compagnie, avec

quel plaisir nous aurions été les Agamemnon de l'Europe! Mais aller là tout seuls? Qui peut nous y convier? des amis aveugles ou des ennemis désireux de nous perdre? Oui, les souffrances de ce peuple généreux nous touchent, car nous ne sommes pas de ceux qui parlent sans agir (la phrase peut aller dans les deux discours, et je l'aurais gardée) ; mais nos alliés nous retiennent, l'Europe entière nous retient ; vous-mêmes, messieurs, ne nous retenez-vous pas? » Et ils m'auraient retenu, car ils ne craignent rien tant que de nous voir partir.

A. — Oh! ce discours me transporte, me ravit!...

B. — Ah! vous citez Pascal. Eh bien, apprenez que ce discours est d'un homme qui ne s'est pas mis à genoux pour le faire et qui s'est seulement rappelé le temps où, étant avocat, il plaidait beaucoup de causes. Mon ami, M. Chaix-d'Est-Ange en a quelquefois refusé ; je n'ai jamais eu cette faiblesse. Mais je trouve cette affaire de Pologne bien plus facile à plaider qu'un procès, par quelque bout qu'on la prenne, et en voici la raison

que je veux bien vous dire. Quand on se trouve
entre deux partis également mauvais (cela n'est
pas rare en politique), et qu'il faut choisir et défendre l'un des deux, il ne faut point s'aventurer
à justifier celui qu'on prend, mais se contenter (ce
qui est toujours facile) de démontrer l'absurdité et
le danger de celui qu'on ne prend pas. J'étais donc
prêt, pour cette affaire de Pologne, à prouver victo-
rieusement, selon l'occurrence, qu'il est honteux
d'endurer la paix ou qu'il est insensé de faire la
guerre. L'un de ces deux thèmes bien traités suffisait à la justification de mon client, et c'est
ainsi que plus une situation a d'inconvénients
dans la pratique, plus elle offre de facilités à la défense. Mais c'est un des grands secrets de l'éloquence politique; et puis, on n'a pas toujours le
bonheur d'avoir à défendre un gouvernement qui
se met dans ces situations-là.

A. — Vous avez raison ; un tel bonheur n'est
pas donné à tout le monde, il faut le chercher un
peu.

B. — C'est comme pour l'affaire de Rome : quoi
de plus aisé que de plaider pour ou contre l'éva-

cuation, pour la nécessité d'un pape indépendant
ou pour les égards qu'on doit aux droits des Romains?

J'avais préparé surtout deux péroraisons magnifiques : l'une, contre l'évacuation, sur la per-
pétuité de la religion et sur la constance des traditions en faveur de l'indépendance du saint-
siége; l'autre, en faveur de l'évacuation, sur les
droits imprescriptibles des peuples et sur la con-
sécration que le droit nouveau leur avait appor-
tée. Je ne sais vraiment laquelle me plaisait davantage, ni quelle résolution j'aimais le mieux avoir
à défendre. L'une avait une certaine onction religieuse qui m'allait au cœur, l'autre, un accent ré-
volutionnaire qui m'échauffait l'esprit. Je les
savais parfaitement toutes les deux. Hélas ! à quoi
me serviront-elles? J'ai perdu le travail de mes
jours et de mes nuits.

A. — Le Mexique ne vous embarrassait-il pas
un peu?

B. — Embarrasser ! Vous voulez rire. Il venait
à point, au contraire, pour me tirer d'embarras.
Comment aurais-je pu justifier sans le Mexique

l'état de nos finances? Mon siége était déjà fait.
« Sans le Mexique, messieurs, nous serions en
équilibre. Oui, messieurs, sans le Mexique! » —
Qu'y a-t-il à répondre?

A. — Voilà, en effet, la situation financière ex-
pliquée et couverte d'un seul mot. Mais qu'auriez-
vous dit sur la question mexicaine elle-même, sur
le fond de l'affaire?

B. — J'avoue volontiers qu'à moins d'annoncer qu'on en revient, tout discours sur le Mexique
est difficile. Aussi avais-je prévu le cas. J'éle-
vais la question de confiance. « Avez-vous confiance en nous, oui ou non? messieurs; oui ou
non, avez-vous confiance en nous? C'est *oui*;
laissez-nous donc aller. »

A. — Et sur les projets d'intervention aux
États-Unis, sur la malveillance témoignée aux anciens alliés de la France?

B. — Devinez ce que je devais dire, je vous le
donne en cent.

A. — Parlez.

B. — Que tout cela n'avait été que pure gri-
mace, afin de contenir et de diviser la colère des

États-Unis contre l'Angleterre, afin d'en prendre la meilleure part et de conserver, par ce détour admirable, la paix du monde. Veuillez songer, en effet, que les États-Unis, comptant sur nos intérêts traditionnels et sur notre vieille amitié, étaient arrogants contre l'Angleterre, et eussent peut-être glissé jusqu'à la guerre, à travers les mille difficultés qui s'élevaient entre les deux gouvernements. Mais en nous voyant à côté de l'Angleterre, et même disposés à la pousser en avant, les États-Unis ont fait de sages réflexions et se sont tenus tranquilles. Nous avons donc sauvé, par ce jeu consommé, les États-Unis de leur propre folie et le monde d'une guerre terrible. Mais, comme il a fallu ne dire ce secret à personne, et aux États-Unis moins qu'à tout autre, car cela eût tout gâté, les États-Unis n'ont rien compris à notre conduite et nous ont cru fous tout le temps des négociations. Ils le croient encore; ils sauront un jour notre profonde sagesse et la reconnaissance qu'ils nous doivent.

A. — Où diable avez-vous pris tout cela ?

B. — Dans un mémoire adressé au gouverne-

ment par un diplomate inconnu, qui se fera sans
doute connaître pour avoir de l'avancement ; car
je vous avoue qu'on ne savait quelle raison donner de notre politique aux États-Unis ; aussi cette
explication a paru tombée du ciel, et je ne jurerais
pas qu'elle ne vient point d'en haut.

A. — Et M. Duruy, et l'histoire contemporaine
enseignée aux collégiens ?

B. — Vous me questionniez pour des misères.
J'aurais dit dans l'adresse que cela viendra dans
le budget, et j'aurais dit, pendant le budget, que
cela devait venir pendant l'adresse. Puis j'aurais
parlé de la séparation des pouvoirs, ce principe des
gouvernements libres...

A. — Je vois que vous avez réponse à tout.
Votre absence sera un malheur public.

B. — Je ne vous cache point que me sentant
ainsi préparé sur tous les points et dans tous les
sens, je ne puis demeurer tranquille, et il m'est
venu une idée...

A. — Laquelle?

B. — De m'offrir au comité démocratique qui a
fait les dernières élections de Paris pour l'une des

deux places qui vont se trouver vacantes. J'ai entendu dire que là aussi on avait un faible pour les inconnus, et je suis si inconnu ..

A. — Pas encore assez pour être choisi. Vous savez que je connais ce comité ; j'y compte une foule d'amis.

B. — Je n'ai donc plus rien à faire qu'à mourir de regrets et d'ennui.

A. — Au contraire, vous allez vous amuser ; allez à la Chambre comme spectateur. Je vous promets tous les jours un billet, car j'en aurai un dont je n'userai pas, de peur de la foule qui m'empêche de respirer. Vous verrez combien les discours des orateurs du gouvernement ressembleront peu aux vôtres, quel génie imprévu ils vont déployer dans l'attaque et dans la défense.

B. — Je les défie bien de dire autre chose que ce que j'ai dit.

A. — Pure vanité d'auteur ! D'ailleurs, ils le diront autrement. Au revoir, mon cher ami.

B. — Au revoir.

XXI

L'article 38 de la loi électorale est-il fait pour tout le monde?

15 novembre 1863.

Monsieur le rédacteur,

La session du corps législatif commence, comme il est d'usage après des élections générales, par la vérification des pouvoirs. Avant que cette assemblée et le public lui-même soient fatigués et rebutés par les plaintes trop nombreuses et plus ou moins fondées qui vont se produire, il me paraît opportun d'exprimer de nouveau, en l'appuyant de quelques preuves, une opinion que j'ai souvent émise dans ce journal, et qui finira, je l'espère, par s'établir fortement dans les esprits.

Il me semble que si la cassation d'une élection

vicieuse est d'une grande importance pour le candidat, il y a une autre chose qui importe davantage au public à la suite d'une lutte électorale : c'est l'application impartiale de la loi qui régit nos élections, c'est la poursuite et la condamnation de ceux qui ont commis des délits que cette loi a formellement prévus et punis. Une des preuves les plus évidentes que notre éducation électorale est encore à faire, c'est ce parfait oubli d'une loi restrictive et pénale, non-seulement de la part de ceux qui l'enfreignent, mais de la part de ceux au préjudice de qui elle est enfreinte. Aussi voit-on, d'un côté, de nombreuses demandes en cassation d'élections pleines des articulations les plus graves contre certains fonctionnaires publics, et, d'un autre côté, les demandes en autorisation de poursuites contre ces mêmes fonctionnaires sont nulles ou infiniment rares, comme si les auteurs de ces protestations ignoraient que les faits qu'ils signalent fussent des délits, et que la loi électorale les punit avec rigueur, ou bien comme s'ils faisaient au Conseil d'État et à nos tribunaux l'injure de douter de leur justice.

15.

Je vais donc prendre au hasard une de ces protestations (car elles se ressemblent toutes), et démontrer trop aisément qu'elle regarde le parquet
aussi bien que la Chambre. C'est assez dire que
la justice n'aurait pu se refuser à sévir contre les
délits qu'elle dénonce, si on avait mis la justice
en demeure de le faire. Or, quelle efficacité n'aurait pas un pareil exemple ?

L'article 38 du décret de 1851 sur les élections
est ainsi conçu : « Quiconque aura donné, *promis*
ou reçu des deniers, effets ou *valeurs quelconques*
sous la condition soit de donner ou de procurer
un suffrage, soit de s'abstenir de voter, sera puni
d'un emprisonnement de trois mois à deux ans
et d'une amende de 500 fr. à 5,000 fr. *Si le coupable est fonctionnaire public, la peine sera du
double.* » Cet article de la loi paraît bien clair. Il
en résulte, je crois, de l'aveu de tout le monde,
que si, étant candidat, je donne, la veille du vote,
une pièce de 5 fr. à un électeur en lui disant que,
le lendemain, il me prouvera sa reconnaissance au
scrutin, j'aurai commis le délit prévu et puni par
cet article. Il en résulte aussi que si l'un des par-

tisans de ma candidature commet dans mon intérêt un acte de ce genre, il tombe sous le coup de
ce même article; car la loi n'a pas eu la naïveté
d'interdire seulement au candidat de tels actes de
corruption, en lui laissant la faculté de faire par
l'intermédiaire d'autrui ce qu'il ne pourrait sans
délit faire pour lui-même; la loi dit expressément:
« *Quiconque* aura donné ou *promis* des valeurs
quelconques, » et elle barre ainsi le chemin à toute
tentative de corruption dans l'intérêt d'une candidature, de quelque part que vienne cette tentative
et quel qu'en soit l'auteur.

Cela est-il contestable? est-il quelqu'un qui le
nie? Nous ne le pensons pas. Si maintenant, me
trouvant encore candidat, je donne ou je *promets*
(selon les termes de la loi) à toute une commune,
la veille du vote, une subvention, un secours, en
rappelant aux habitants qu'ils doivent le lendemain m'en témoigner leur reconnaissance, ai-je
encore commis le délit prévu par l'article 38 de
la loi électorale? Quelqu'un osera-t-il dire le contraire? N'ai-je pas commis ce délit d'une façon encore plus grave que si j'avais fait une promesse

individuelle à chaque électeur? Et si le maire de la commune ou l'un de mes amis, s'intéressant à mon élection, a fait publier et afficher cette promesse générale, en excitant les habitants à m'en témoigner au scrutin leur reconnaissance, ce maire ou cet ami n'est-il pas complice de mon délit? ne tombe-t-il pas avec moi sous le coup de l'article 58 de la loi électorale? Nous avons peine à croire que, dans une Assemblée parlant français, sachant le sens des mots et ayant le souci de la vérité, quelqu'un ose soutenir le contraire.

Ces principes bien simples une fois établis, supposons, pour prendre un exemple entre cent, que M. Casimir Périer, candidat dans la première circonscription du département de l'Isère, ait écrit en ces termes, le 29 mai, avant-veille de l'élection, au maire de la commune de Brié : « Monsieur le maire, je sais que votre commune se propose *d'établir des fontaines publiques*. Je suis tout disposé à la seconder dans la réalisation de cette entreprise, pour laquelle je me fais un véritable plaisir de lui réserver une *subvention*. Le conseil municipal et la population de Brié sauront, je n'en doute pas, apprécier cette nouvelle marque d'intérêt, dont je vous prie de leur donner *immédiatement* connaissance, et je me plais à croire qu'ils auront à cœur de la *reconnaître* en me donnant un éclatant témoignage de leur sentiment d'affection, etc... » M. Casimir Périer, ayant écrit cette lettre, serait-il tombé sous le coup de l'article 38? Et si on l'avait poursuivi, comme on n'eût pas manqué de le faire, eût-il échappé à la prison et à l'amende? Que tout magistrat, que tout député, que tout lecteur réponde!

Supposons encore que M. Casimir Périer ait écrit ou qu'on ait écrit dans son intérêt, le 30 mai, veille de l'élection, au maire de la commune de Bresson : « Monsieur le maire, je reçois à l'instant votre lettre d'hier, par laquelle vous me faites connaître que votre commune ne peut disposer que d'une somme de *cent francs* pour payer la gravelière qu'elle se propose d'acheter en vue d'assurer le bon entretien de ses chemins vicinaux, laquelle gravelière doit lui coûter 4 à 500 fr. Je m'empresse de vous informer que voulant donner à la commune de Bresson *une preuve particulière de l'intérêt que je lui porte*, je viens de lui accorder une *subvention* de 300 fr. sur les fonds dont je dispose... Cette somme sera versée très-incessamment dans la caisse municipale... Veuillez, je vous prie, en donner *immédiatement* avis au conseil municipal et aux habitants, qui sauront apprécier cette marque de sollicitude de M. Périer à leur égard et auront à cœur d'y répondre en lui manifestant DEMAIN leur profond attachement, » M. Casimir Périer et son ami qui aurait écrit cette lettre auraient-ils trouvé moyen devant un tribunal d'échapper à l'article 38? L'achat ou la tentative d'achat du vote d'une commune tout entière pour 300 fr. serait-il moins puni que l'achat d'un électeur pour 5 fr.? Encore une fois, que le bon sens et la conscience de chacun prononcent.

Supposons enfin (car il faut en finir) que le maire de Monestier-de-Clermont, ami non moins dévoué de M. Périer, ait affiché en ces termes l'histoire de ses bienfaits envers cette commune : « Mes chers administrés, je m'empresse de vous informer que l'excellent M. Périer vient de nous donner de nouvelles preuves de sa sollicitude pour

les intérêts de notre commune. Aux *dons* qu'il
nous a faits récemment, savoir : 1°... ; 2°... ; *total*,
250 fr. ; il vient d'ajouter : 1°... ; 2°... ; *total*,
487 fr. Ces ressources sont bien précieuses, surtout eu égard à l'état de nos finances. Nous allons
avoir l'*occasion* de lui témoigner notre *reconnaissance* en nommant M. Périer notre député. » Ce
maire, le bailleur ou le prometteur de tous ces
fonds, auraient-ils trouvé moyen de se soustraire
devant aucun tribunal à l'application de l'art. 38 ?

Qu'on se rassure, M. Périer n'a commis aucun
de ces délits ; ce n'est pas son nom qui est dans
tous ces documents, aujourd'hui déposés au corps
législatif, mais bien celui du candidat du gouvernement ou le nom du préfet qui, avec le concours
de ces maires, n'a pas craint de l'appuyer de la
sorte. C'est là le seul changement qu'il soit nécessaire de faire dans mes citations pour leur rendre
leur complète exactitude. Mais ce changement de
nom a-t-il quelque importance au point de vue
légal ? Le préfet et les maires ont-ils eu le droit de
faire sans délit comme fonctionnaires publics ce
que M. Périer ou ses amis n'auraient pu faire

sans délit comme candidat ou comme amis
du candidat? Avaient-ils, plus que M. Périer ou
ses amis, le droit d'acheter, ou, pour employer
le terme de la loi, de *procurer*, par des dons et
des promesses, le suffrage de toute une commune?
La loi établit-elle à ce point de vue, entre de
simples citoyens et des fonctionnaires publics
quelque différence? Oui, elle établit expressément
entre eux une différence, et elle l'indique en ces
termes : *La peine sera double si le coupable est
fonctionnaire public.*

Est-ce là, oui ou non, le texte de la loi? En est-
ce là, oui ou non, l'interprétation inévitable? Et
alors, d'où vient qu'on n'essaye même point d'en
assurer l'application? Que faisait le parquet de
Grenoble pendant que ces documents si évidemment délictueux circulaient dans le département,
revêtus de l'attache officielle? Ce que faisait le
parquet de Grenoble? il lisait et relisait un article
du *Courrier de l'Isère* pour intenter contre
M. Périer cette poursuite célèbre qui vient d'a-
boutir à un acquittement. Il poursuivait donc un
délit bien obscur, puisque ce délit a échappé à la

vue d'une cour impériale, et il laissait passer tous ces délits flagrants dont la circonscription était inondée. N'est-il point temps qu'on mette un terme à cette inégalité devant la loi électorale, et qu'on cesse de la laisser inactive ou impuissante contre ceux-là mêmes qu'elle menace d'une double pénalité? De deux choses l'une : ou bien cette loi est bonne, et il faut en rétablir ou plutôt en instituer le respect par quelques exemples; ou bien il faut l'abolir pour tout le monde, il faut laisser le vote des communes (le seul qui vaille la peine d'être acheté sous le régime du suffrage universel) aux enchères entre tous les candidats qui se présentent, et leur permettre de faire assaut de dons et de promesses devant toutes les municipalités de l'empire. Mais quelle bourse pourrait lutter contre celle du candidat qu'appuierait le Trésor public? et qui pourrait supporter, d'ailleurs, l'image d'une pareille école de corruption établie au sein de notre pays?

Nous supplions la représentation nationale, et surtout le public, de se pénétrer de l'importance qu'aurait l'application sérieuse de cet article et de

quelques autres articles de notre loi électorale.
Loyalement appliqué, cet article 38 peut suffire à
combattre le mal, car on ne persuadera à personne
que l'achat de cet *électeur collectif*, qui s'appelle
une commune, ne soit pas prévu et puni par cet
article au même titre que l'achat de l'électeur in-
dividuel. Or, c'est l'électeur collectif qu'on s'efforce naturellement de gagner sous le régime du
suffrage universel (les dossiers électoraux n'en
donnent que trop la preuve), et si quelqu'un, administration ou candidat, peut impunément solliciter cet électeur collectif à prix d'argent, c'en est
fait de la sincérité et de la dignité des élections
françaises. J'ai eu plusieurs fois l'occasion de parler ici même de l'élection d'Aix, qui roulait exclusivement sur un projet de canal que l'administration tenait dans sa main et pouvait retenir. J'ai vu
de mes yeux une affiche dans laquelle l'autorité
menaçait de poursuivre comme *calomniateurs*, non
pas ceux qui diraient que le gouvernement avait
mal conduit les affaires publiques, non pas ceux
qui l'accuseraient de tel ou tel excès de pouvoir,
mais uniquement ceux qui prétendraient que le

canal aurait *moins de tant de mètres cubes d'eau*, tant il était vrai qu'on votait non point pour ou contre telle ou telle politique, mais pour ou contre le canal. Prétendrez-vous m'obliger, monsieur le rédacteur, à donner au candidat qui a été élu dans de telles conditions le nom de député de la ville d'Aix? A mes yeux, il n'en sera jamais que l'irrigateur.

Concluons donc une fois de plus que s'il faut voir un exemple salutaire dans la cassation d'une élection, le remède à des abus si graves et si dangereux pour notre caractère national est ailleurs ; il faut le chercher dans l'application impartiale et rigoureuse de la loi, et je ne cesserai jamais de la demander.

XXII

Lettre à un Mexicain, candidat au corps législatif.

29 novembre 1863.

Monsieur le rédacteur,

Je suis cette fois pris de court pour vous écrire. La faute en est à la grippe qui réduit au silence une bonne partie de l'opposition dans le corps législatif et qui me prive moi-même d'une bonne partie de mes facultés. Souffrez donc qu'au lieu de faire, pour vous écrire sur la politique, un effort pénible et malheureux, je me contente de transcrire ici un fragment de ma correspondanee particulière. C'est une réponse que je viens d'adresser à plusieurs questions qui m'étaient faites par l'un de mes plus chers amis, le seigneur don Zunigo de Tehuantepec, qui languit actuellement au

Mexique, mais qui sera bientôt parmi nous. Le texte de ma lettre suffira pour vous expliquer le sujet de notre correspondance, et vous jugerez, comme moi, je l'espère, qu'elle peut avoir quelque intérêt pour vos lecteurs :

« Mon cher don Zunigo,

« Personne n'approuve plus que moi la noble ambition qui vous fait désirer de venir en France pour siéger dans nos assemblées législatives, et si j'ai pris quelque temps pour répondre à vos questions sur cette importante affaire, c'est que j'avais besoin d'être éclairé par l'expérience, et que je ne voulais point m'exposer à vous faire entreprendre inutilement un si long voyage. Je me sens aujourd'hui en état de résoudre la plupart de vos doutes, et vous pourrez, après m'avoir lu, prendre votre parti avec pleine connaissance de cause.

« J'ignore si vous ne vous flattez pas, lorsque vous comptez sur le décret de naturalisation qui vous serait tout d'abord nécessaire. L'exemple de M. Jecker vous fait peut-être illusion sur la difficulté d'obtenir une faveur de ce genre, et vous

n'avez pas, je le crains, les mêmes raisons que lui
pour l'espérer. Si pourtant vous franchissez cet
obstacle, vous devenez immédiatement éligible,
et tous vos doutes sur ce point sont mal fondés.
Vous me demandez, en effet, si un décret de naturalisation peut suffire pour vous assurer dans sa
plénitude la qualité de Français, puisque, de
1815 à 1852, une loi était pour cela indispensable, et que la constitution actuelle n'attribue au
souverain aucun pouvoir nouveau en cette matière. Rassurez-vous, mon cher ami, il vient
d'être déclaré par des personnes qui s'y connaissent que cette disposition restrictive était impli-
citement abrogée par *l'esprit de nos institutions*,
et que le pouvoir exécutif pouvait aujourd'hui
créer d'un trait de plume de vrais Français électeurs et éligibles [1].

« Vous avez encore un autre scrupule et vous m'é-
crivez : « En admettant que je sois Français pour
« tout de bon, comment serais-je éligible n'étant pas
« électeur? car je ne pourrais être inscrit sur les

---

[1] Consulter les débats relatifs à l'élection de M. Welles de Lavalette, validée par la Chambre.

« listes électorales dans les délais et dans les condi-
« tions exigés par la loi. De plus, ajoutez-vous (car
« vous suivez de près nos affaires), je me souviens
« que l'année dernière, lorsque le gouvernement a
« réduit à neuf le nombre des députés de la Seine,
« il a déclaré que l'inscription des citoyens sur la
« liste électorale pouvait seule les faire électeurs,
« et, partant, influer sur le nombre des députés.
« Comment donc serais-je électeur sans être inscrit
« sur les listes électorales et éligible sans être élec-
« teur? » — Ces scrupules vous honorent, mon cher
Zunigo, mais vous êtes en retard d'une année sur
notre jurisprudence électorale et sur nos doctrines
en matière d'éligibilité. Votre éloignement en est
la cause, et vous ne pouvez savoir encore que nous
avons changé tout cela. Il est vrai que le département de la Seine n'a que neuf députés, parce
qu'on ne comptait, l'année dernière, comme électeurs, que les citoyens inscrits sur les listes élec-
rales, mais on sait depuis peu que tout Français
étant virtuellement électeur, est éligible[1] ; par con-

---

[1] M. de Lavalette n'avait pu non plus, n'étant pas encore français, être inscrit dans les délais légaux sur la liste électorale.

séquent vous pourrez être député presque aussitôt
que Français. Cela ne fait plus difficulté ; passons
donc à autre chose.

« Vous êtes ambitieux, cher Zunigo, et vous vous
laissez, j'en suis sûr, aller trop vite à de vaines espérances. Quoi qu'il en soit, il faut que je vous réponde comme si vos suppositions étaient justes et
comme si vos désirs étaient accomplis. Je ne sais
vraiment qui a pu vous écrire qu'à peine arrivé
dans notre pays, vous seriez nommé à la fois sous-
gouverneur salarié et assermenté d'une société de
Crédit, directeur de la Monnaie et chambellan. J'ai
grand'peine à croire que vous serez ainsi accablé
de dignités aussitôt que vous aurez débarqué à
Saint-Nazaire ; mais puisque telle est votre conviction et que vous m'exprimez de bonne foi la
crainte de ne pouvoir exercer tant de fonctions
sans passer pour fonctionnaire et sans devenir inéligible, je dois vous dire toute la vérité. Non, Zunigo, vous ne serez pas inéligible ; aucune de ces
fonctions, ni même toutes ces fonctions ensemble,
ne mettent en péril aux yeux de la loi votre souveraine indépendance. Si vous étiez professeur au

Collége de France ou dans une des Facultés de l'empire, la loi vous comprendrait dans ses soup-çons et ne vous admettrait point dans l'assemblée de nos mandataires ; mais quant aux fonctions dont on vous leurre (car encore une fois je n'y puis croire), elles ne vous empêcheront en rien d'être, si le cœur vous en dit, le plus spartiate de nos représentants [1].

« Tous ces doutes une fois levés, vous prenez votre parti et vous vous mettez en campagne. Écoutez bien mes conseils ; je désire ardemment votre succès et je ne vous dirai rien qui ne soit appuyé sur la plus sûre expérience. Comme je ne vous crois pas fou, je suppose d'abord que vous ne vous embarquerez pas dans cette entreprise sans avoir l'appui du gouvernement, car, pour l'appui des démocrates, il n'y faut pas songer. Vous voilà donc candidat officiel, et peu de jours après, député, je vous l'accorde ; mais vous n'êtes point pour cela hors d'affaire et vous aurez à tra-verser l'épreuve redoutable de la vérification des

[1] Le sous-directeur du Crédit foncier et le directeur de la Monnaie de Strasbourg, venaient d'être admis par la Chambre. Quand aux chambellans, la question n'avait pas même été soulevée.

pouvoirs. Ayez donc toujours cette vérification devant les yeux, et ne faites point un seul pas, ne
laissez pas échapper un seul mot sans penser que
sous aurez à en répondre un jour. Soyez certain
d'ailleurs qu'il ne vous arrivera aucun mal si vous
suivez mes conseils.

« La première règle que je vous impose est de
mettre vos deux mains sur vos poches et de ne
pas en laisser sortir un écu. Si votre argent, votre
propre argent figure dans votre élection, si vous
êtes convaincu d'avoir fait des promesses que vous
soyez vous-même chargé de tenir, si vous avez
acquis de vos propres deniers une maison pour
élargir une place, si vous avez acheté à vos frais un
seul suffrage, vous êtes perdu, car tout le monde,
opposition et majorité, pour des raisons diverses,
vous jettera la pierre. Si vous recevez donc d'un
maire une lettre comme celle-ci, par exemple, que
je vous envoie pour votre instruction [1], gardez-

---

[1] Lettre du maire de Taurinya, adressée à M. Durand, concurrent de M. Isaac Pereire :

« Monsieur le député,

« Le maire de la commune de Taurinya a l'honneur de vous
écrire pour vous communiquer qu'un partisan ou plutôt un

vous de répondre. N'allez pas cependant décourager les demandes et renvoyer toutes ces missives ; faites-en collection, au contraire, mais uniquement pour les remettre à M. le préfet. Je vous envoie, joint à ma lettre, le dossier de M. Casimir Périer et quelques autres dossiers, pour vous montrer ce qu'il est permis au préfet d'écrire. Vous

agent de votre concurrent pour les prochaines élections m'a offert de me faire obtenir environ 800 *fr.* ou 1,000 *fr.* *pour ma commune, si je voulais lui promettre la majorité des voix de mes administrés ;* je dois dire que cette offre ne m'a pas gagné à la cause de M. Pereire. Non-seulement moi, mais la grande majorité de mes administrés, vous sont totalement dévoués.

« Cependant, j'espère, monsieur le député, que vous me permettrez de vous exposer que *la somme qui m'a été offerte pour me détourner de mes convictions nous serait nécessaire sous bien des rapports ;* je ne serais embarrassé que pour choisir parmi les divers besoins de ma commune. En effet, *sous le rapport de l'eau,* doués par la nature d'une des plus remarquables sources du département, — les eaux de Flagels, qui jaillissent à 700 mètres de la commune pour se jeter dans la rivière, — nous sommes cependant excessivement mal servis de fontaines, parce que nous ne pouvons pas faire la dépense des tuyaux conducteurs. De plus, nous avons l'église dans le besoin. Encore nous sommes privés de voies de communication avec Prades, à cause de neuf cents mètres de route qui nous manquent pour arriver à la commune, et tant d'autres choses que votre sagacité, monsieur le député, devine en voyant qu'il s'agit d'une commune pauvre.

« Vous êtes si bon, si bienfaisant, monsieur le député ! voyez s'il vous serait possible de faire quelque chose.

« Dans cet espoir, j'ai l'honneur, etc.

« Le maire de la commune de Taurinya,

« FALGAS. »

verrez qu'il peut accorder, sur votre recommandation et en pressant les électeurs de voter pour vous, les travaux, secours et subventions quiparaîtraient nécessaires. Il vaut mieux, si vous pouvez l'éviter, que vous ne soyez point nommé dans ces lettres et proclamations pleines de dons et de promesses ; il vaut mieux, qu'en faisant appel à la reconnaissance des populations, on les presse seulement de voter « pour le gouvernement de l'empereur. » N'oubliez jamais que si le rapporteur chargé de vérifier votre élection trouve quelque chose à blâmer dans les démarches peut-être excessives de l'Administration en votre faveur, il faut qu'il puisse aussitôt ajouter, selon l'usage, que vous êtes d'ailleurs personnellement étranger aux actes qu'on désapprouve ; et, en effet, il faudrait que vous eussiez vraiment, comme nous disons ici, le diable au corps, pour aller volontairement vous mêler de cette pénible besogne, quand elle peut se faire sans vous mille fois mieux que par vos propres mains.

« Ce n'est donc pas à vous, ne l'oubliez pas, mais seulement au préfet qu'il appartient d'annoncer qu'il a toujours éprouvé pour telle ou telle commune un intérêt tout particulier et qu'il lui accorde 300 fr. pour l'achat d'une gravelière [1] ; ce n'est pas à vous, mais au maire qu'il appartient de proclamer que la haute et profonde sollicitude du préfet pour telle commune vient de se manifester par un don de 487 fr. et qu'il convient de voter pour vous, pour en témoigner au gouvernement une juste reconnaissance [2]. Tout cela ne vous regarde en rien, et si vous êtes chargé de recueillir, il vous est absolument interdit de semer. Il faut qu'on puisse vous appliquer ces paroles de l'Écriture : « Les oiseaux du ciel ne travaillent « point et ils sont nourris, les lis ne filent point et « Salomon dans toute sa gloire n'est pas vêtu comme « l'un d'eux. » Ou bien, pour exprimer la même idée en langage contemporain : c'est vers vous que doit remonter la gratitude des populations, mais c'est le préfet et le trésor public qui doivent la mériter.

« Je passe maintenant à un autre de vos doutes

[1] Élection de l'Isère, protestation Casimir Périer, page 38.
[2] Même élection, page 40.

16.

qui vous fait le plus grand honneur, et que je
m'estime heureux de pouvoir résoudre de la façon
la plus commode pour votre conscience et la plus
profitable à vos intérêts. Vous me demandez si
l'on ne pourrait méchamment tourner contre vous
cette profusion de travaux publics commencés ou
promis, ces secours accordés ou annoncés à la
veille même de l'élection. Vous craignez, dites-
vous, que cet échange de bienfaits administratifs
d'un côté et de votes favorables de l'autre ne ressemble à un marché, si bien que votre élection
aurait un peu l'air de l'exécution d'un contrat
entre les communes qui sollicitent et l'autorité qui
accorde ou qui promet. Rassurez-vous, mon cher
ami ; vous êtes encore étranger aux délicatesses de
notre langue et à la finesse de notre jugement, et
vous ignorez encore, je le gagerais, la théorie des
coïncidences. Nous avons pris aujourd'hui l'habitude d'appeles du beau nom de *coïncidence* la rencontre d'un bienfait administratif avec la date
d'une élection. Si, par exemple, on a proclamé au
son du tambourin et en temps opportun la concession d'un canal duquel dépend la prospérité de

toute une ville dont l'administration sollicite en même temps le suffrage, c'est une première *coïncidence* qu'il ne dépendait de personne d'empêcher. Si en faisant allusion à ce bienfait dans une harangue officielle, le premier magistrat de la cité fait remarquer que « *pour les masses comme pour* « *les individus*, solliciter et obtenir des *faveurs*, « c'est s'obliger à la reconnaissance envers ceux « qui les accordent[1], » c'est une seconde *coïncidence* aussi inévitable et aussi irréprochable que la première. Acceptez donc de tels exemples pour ce qu'ils valent et soyez en repos là-dessus.

« Si pourtant, dans la chaleur de la lutte électorale, oubliant les sages avis que je vous donne, vous vous laissez aller à faire directement quelque promesse, veillez du moins à ce que cette promesse soit illusoire, ou ce qui vaut encore mieux, inexécutable. Vous n'aurez pas de peine, en effet, à démontrer plus tard, lorsqu'il en sera besoin, que vous n'aviez aucune intention de tenir cette promesse, qu'il était d'ailleurs impossible de la

[1] Discours de M. Rigault, premier président de la Cour d'Aix à l'occasion de l'installation d'un procureur général.

tenir et que, par conséquent, on aurait tort d'y attacher quelque importance. Pour faire entrer plus
avant dans votre esprit cette règle salutaire, je
vous donnerai un exemple. M. Bournat, concurrent obscur mais heureux d'un de vos futurs concitoyens que nous appelons M. Thiers, promit à la
ville de Martigues de lui faire obtenir une garnison. La promesse n'était pas niable, étant signée
de la main du candidat. Que fit cet habile homme,
lorsqu'il fut appelé à rendre compte de cette promesse imprudente? Il fit remarquer que cette ville
n'ayant pas de caserne et ne paraissant pas en état
d'en bâtir une, la promesse qu'il avait faite était
nulle et ne pouvait devenir le sujet d'un reproche,
car le Créateur seul peut de rien tirer quelque
chose. Aussi le rapporteur chargé de cette affaire
a-t-il dit en fort bons termes : « Quant à la pro-
« messe d'une garnison à Martigues, elle était subor-
« donnée à l'accomplissement par cette commune
« de certaines conditions matérielles qui *ne parais-*
« *sent pas devoir être remplies.* » C'est là le point
important comme vous le voyez. Si donc, empié-
tant sur les attributions de l'autorité, vous vous

mêlez imprudemment de promettre vous-même quelque chose, ne promettez du moins que l'impossible.

« Je vous donnerai encore, avant de vous quitter, quelques avertissements non moins salutaires. Si vous n'êtes pas élu malgré l'appui du gouvernement, protestez comme M. Chabanon contre l'élection de votre concurrent, en vous fondant sur l'insuffisance des efforts du préfet en votre faveur [1] ; si vous êtes élu et que votre élection soit contestée, tâchez d'avoir pour rapporteur M. Nogent Saint-Laurens, qui a dit cette belle parole : « Favoriser « n'est pas corrompre [2], » et qui vous l'appliquera ; enfin, tâchez de décider M. Thuillier à parler pour vous ; et si, par malheur, réservant à de plus grands sujets sa foudroyante éloquence, il dédaigne votre affaire, écoutez mon dernier conseil, qui est de vous taire, et vous serez sauvé. »

[1] *Moniteur* du 19 novembre; élection Bravay.
[2] *Moniteur* du 18 novembre ; élection de M. de Kervéguen.

XXIII

**Lettre d'un Anglais sur le projet de Congrès. — Élection
de M. Eugène Pelletan.**

13 décembre 1863.

Monsieur,

Votre indulgence m'encourage et, en attendant
la réponse (si réponse il y a) du seigneur Zunigo,
je prendrai la liberté de vous communiquer une
lettre que j'ai reçue d'un de mes bons amis d'Angleterre au sujet des affaires publiques et particulièrement du Congrès. M. Edward Watson est un
homme distingué qui connaît fort bien notre pays
et qui parle très-convenablement notre langue ;
au milieu de ce débordement d'attaques que le refus de prendre part au Congrès a suscité contre

nos voisins, il ne vous paraîtra pas inutile d'entendre ce qu'ils ont à dire, et vous trouverez peut-être équitable d'accorder au moins une fois la parole à l'accusé :

« Cher monsieur, partisan comme je le suis de l'alliance française et désirant quelque chose de plus que la paix entre les deux nations, je ne puis lire sans regret les reproches si violents et si unanimes dont nous sommes accablés par la presse française, pour avoir décliné l'invitation qui nous était faite de venir régler dans un Congrès général toutes les questions qui peuvent troubler un jour la paix du monde.

« Le feu a été ouvert en même temps dans tous vos journaux, ou pour mieux dire dans presque tous, et depuis Brest jusqu'à Marseille, depuis Strasbourg jusqu'à Bayonne, sans oublier Paris, nous sommes aujourd'hui dénoncés comme des promoteurs de discorde et comme les ennemis du genre humain. Si je ne savais pas, aussi bien que vous-même, combien est entière et absolue la liberté de la presse française, je serais tenté d'attribuer ce merveilleux accord à une sévère discipline,

et je comparerais ce feu si régulier et si soutenu
au feu vraiment admirable de nos bataillons,
lorsque les longues cannes de nos sergents abais-
sent et relèvent les fusils. Mais l'indépendance bien
connue de vos journaux me défend d'expliquer de la
sorte leur unanimité, et je dois craindre qu'en refusant d'aller à ce Congrès, nous n'ayons en effet
blessé le sentiment national. J'explique encore
l'ardeur et la persistance de la presse française dans
cette violente attaque, par l'absence presque totale
d'autres sujets capables d'exciter au même degré
son attention ou son mécontentement. Je lis assez
souvent vos journaux pour savoir que vous n'avez
à l'intérieur aucun de ces griefs, aucun de ces
abus, qui puisse mériter et susciter la censure de
la presse. Je ne rencontre jamais, en effet, dans
vos feuilles publiques aucune de ces attaques
contre l'autorité qui chez nous attestent tous les
jours l'organisation défectueuse du pouvoir. Vos
journaux paraissent n'avoir vraiment rien à dire
contre vos ministres, contre vos préfets, contre
vos magistrats, contre vos maires, ni contre aucun des fonctionnaires par lesquels vous êtes gou-

vernés. C'est cette absence évidente et complète
de griefs intérieurs qui pousse sans doute vos
journaux à entreprendre tant de campagnes courageuses contre les gouvernements étrangers. La
perfection de vos lois et la conduite irréprochable
de ceux qui les appliquent ne vous laissant rien
ou presque rien à dire, vous censurez amèrement,
tantôt le roi de Prusse, tantôt la reine de Mada-
gascar, tantôt l'Angleterre; car l'essence de la
presse est de blâmer, et il faut bien que sa mali-
gnité naturelle trouve à s'épancher quelque part.
Mais il ne me suffit pas, cher monsieur, d'expliquer par ces considérations, dont vous apprécierez
la justesse, l'attitude de la presse française à notre
égard ; j'ai entrepris de justifier de mon mieux la
conduite de mon pays dans cette affaire, et, avec
votre permission, je l'essayerai.

« La proposition d'un Congrès général pour
arranger en commun les affaires de l'Europe nous
a pris à l'improviste, et ce fut son premier défaut.
Vous qui connaissez notre histoire, vous savez
comment nous avons fait nos plus grandes réformes, comment elles ont été conquises par l'opi-

nion et opérées dans les esprits avant de passer dans les lois. Nous n'aimons pas les coups de théâtre, et, dans la politique étrangère aussi bien que dans la politique intérieure, ils nous inquiètent et nous mettent en défiance, loin de nous tenter et de nous séduire. M. Émile de Girardin a regretté, avec beaucoup de sens, qu'on n'eût pas préparé l'opinion du public anglais à une affaire si considérable, au lieu de réduire brusquement le ministère à voter par *oui* ou par *non* sur l'opportunité de l'entreprendre. Je n'oserais dire si, comme M. de Girardin incline à le croire, l'éloquence de M. Michel Ghevalier, envoyé pour organiser des *meetings* en faveur de cette idée, eût suffi pour nous convaincre, mais M. de Girardin a cent fois raison, lorsqu'il indique l'opinion publique comme le grand ressort des déterminations de notre gouvernement. Si donc l'opinion de l'Angleterre avait été préparée à l'appui d'un tel dessein et si elle avait, par impossible, répondu à cet appel, le gouvernement anglais n'aurait eu aucun moyen ni même aucun désir de se dispenser d'obéir à ce mouvement de l'opinion. Mais, appelé subitement à résoudre une question de cette importance, le gouvernement anglais ne pouvait agir avec la même liberté irresponsable que le pape ou le sultan ; il était forcé de se rappeler qu'il répondrait avant peu de sa décision devant une assemblée souveraine, et qu'il représentait devant l'Europe attentive à sa voix un peuple célèbre par son esprit pratique et esclave du bon sens.

« Quelle était donc cette proposition si imprévue à laquelle il fallait faire une prompte réponse? C'était d'abord une proposition pacifique, et, à ce titre, elle devait nous plaire; car vous savez, je pense, que nous avons de bonnes raisons pour aimer la paix par-dessus toute chose, et que nous poussons parfois jusqu'à l'excès notre éloignement pour la guerre. Mais si cette proposition nous attirait par ces belles paroles de paix et de concorde qui ont toujours chatouillé nos oreilles, elle nous inquiétait par sa nouveauté au point de faire douter à quelques-uns d'entre nous qu'elle fût sérieuse. Le monde n'a, en effet, pas vu d'exemple, depuis qu'il existe, d'un arrangement des affaires humaines fait de propos délibéré, au nom de la

seule équité et sans que la guerre, par ses décisions irrévocables, eût imposé aux uns les sacrifices réclamés par les autres. Ce que le monde n'a
pas encore vu n'est point, je le sais, par cela
même, impossible, et l'on peut espérer que le
genre humain marchera un jour dans des voies in-
connues à ses ancêtres. Mais ce jour ne viendra
pas comme le jour du jugement; comme un vo-
leur; il ne s'approchera pas de nous sans que des
signes certains ne l'annoncent; et, pour nous en
tenir à l'affaire présente, quel signe nous permet
d'espérer que les nations, renonçant toutes ensemble à trancher leurs différends par l'épée, vont
s'en remettre, sur des questions qui intéressent
leur sûreté ou leur honneur, au pacifique arbitrage
de leurs voisins ? A-t-on vu les peuples moins sou-
cieux depuis, quelques années, de défendre leurs
droits vrais ou prétendus par les armes ? Les a-
t-on vus plus enclins à se rendre à de sages conseils, moins confiants dans leurs forces ou dans
leur bonne fortune, moins attachés à leur patri-
moine ou à leurs conquêtes, plus disposés que
jadis à lâcher prise avant que le sang perdu ne les

ait épuisés? N'est-ce pas hier encore que vous avez dû tirer l'épée pour éloigner de Milan la main de l'Autriche, et si vous prononcez le nom de Venise, l'Autriche ne va-t-elle pas à son tour mettre la main à l'épée? N'avez-vous pas reconnu, il y a un an (et reconnu à temps, grâce à Dieu), que la voix de l'Europe, conseillant la paix en Amérique, ne pourrait se faire écouter sans être accompagnée par le canon? Enfin, y a-t-il plus d'un instant que nous avons vainement tous ensemble parlé de conciliation et de paix à la Russie, aux prises avec la Pologne, et ne sommes-nous pas encore sous le coup accablant de sa réponse? Qu'y a-t-il donc de changé, depuis lors, dans la nature humaine, pour espérer des souverains et des peuples une conduite toute nouvelle? Et si rien n'atteste cette prodigieuse rénovation des âmes, qu'attendre de cette assemblée de puissances armées et divisées, que rien n'oblige aujourd'hui à s'incliner les unes devant les autres, qui peuvent bien oublier ou plutôt laisser de côté pour un temps leurs sujets de discorde, mais qui ne peuvent se réunir et en parler sans courir le risque d'ébranler le monde.

« C'est surtout cette dernière pensée qui nous
arrête; car si, après tout, il ne s'agissait que d'un
vain spectacle, qui ne gâterait rien et qui laisse-
rait simplement les choses dans le même état
qu'auparavant, nous pourrions nous prêter, sans
grand empressement, je l'avoue, mais sans trop
de mauvaise grâce, à donner aux Parisiens cette
distraction, qui leur est, dit-on, nécessaire. Mais
ce Congrès ne pouvait se réduire aux proportions
d'un vain spectacle et d'une pompe stérile. S'il ne
portait pas dans ses flancs la paix universelle, il
apportait à l'Europe une terrible guerre. N'avez-
vous point vu quelquefois dans le monde deux
hommes qui vivent en paix, se rencontrent, se sa-
luent, causent même ensemble comme de bonne
amitié, mais à la condition tacite qu'il ne sera pas
entre eux question de certaines choses, et qu'ils
ne toucheront ni l'un ni l'autre à certains sujets
qui les divisent ? Ce genre de relations peut durer
longtemps, assez longtemps même pour que ces
questions brûlantes ou blessantes perdent leur intérêt, et que tout sujet d'entretien soit entre eux le
bienvenu. C'est ainsi, vous le savez, que vivent

entre elles la plupart des puissances de l'Europe : chacune a son point délicat, sa partie malade, qu'on ne peut toucher sans la faire crier, et la concorde dure, à condition qu'on ménage ou qu'on évite ces plaies inégalement profondes.

« Mais, à moins de n'avoir aucun sens et de ne toucher à rien, qu'était-ce que ce Congrès, si ce n'est une sorte de salle de chirurgie où le fer et le feu devaient être portés sur les parties malades ? Chacun, je le sais, se résigne volontiers à voir toucher et trancher, s'il le faut, la plaie de son voisin, mais nul ne peut supporter qu'on porte même un regard indiscret sur la sienne. *Cela n'est pas pressé*, répond le *Malade imaginaire* de votre immortel Molière à sa servante Toinon, lorsqu'elle lui propose de lui couper un bras et de lui crever un œil afin que l'autre œil et l'autre bras s'en portent mieux. *Cela n'est pas pressé !* s'écrie l'Autriche, si l'on parle de Venise, ou la Russie, si l'on songe seulement à la Pologne. Ou, pour mieux dire, ni l'une, ni l'autre ne veulent même entendre un mot là-dessus. Écoutez, par exemple, cette réponse de l'Autriche à l'invitation de la France :

« En spécifiant d'avance les questions que le Con-
« grès devrait examiner, on écarterait des *problè-*
« *mes dangereux et presque insolubles* qui, soulevés
« inopinément, ne feraient qu'envenimer les discus-
« sions et susciter de nouvelles complications au
« lieu d'aplanir celles qui existent déjà. » Veuillez
me dire, de grâce, s'il ne s'agit point ici de Venise et
si chaque puissance n'a pas sa question réservée
ou, si vous l'aimez mieux, *insoluble*, si bien que
le Congrès, réduit au questions inoffensives, c'est-
à-dire à rien, ressemblerait un peu à cet homme
entre deux âges auquel on ôtait d'un côté ses cheveux blancs et de l'autre ses cheveux noirs.

« Et je ne parle ici que de ceux qui veulent garder ce qu'ils ont ; que serait-ce si je parlais de
ceux qui désirent ce qu'ils n'ont pas ou qui veulent
reprendre ce qu'on leur a pris ? Le mot de Savoie
peut se lire entre toutes les lignes de la réponse
suisse ; le saint-père ne se borne pas à espérer
du Congrès la restitution de ses États ; il en attend
bien autre chose : « le rétablissement, spéciale-
« ment dans les pays catholiques, de la *prééminence*
« *réelle* qui appartient naturellement à la religion

« catholique, comme étant la seule vraie. » On me dit que le sultan, désireux, avant tout, de voir Paris, ne demande rien ; et pourtant, puisqu'on peut pousser ses réclamations jusqu'en 1815, le chef des croyants est bien modeste ou bien mal conseillé, s'il ne parle pas un peu de la Grèce, et s'il ne fait même pas une légère allusion à l'Algérie. Si les personnes qui ont sérieusement pensé qu'un tel Congrès pouvait devenir profitable à la paix du monde, et que l'Angleterre a seule barré au genre humain le chemin de cet Éden, gardent encore leurs illusions après la lecture de ces réponses, il n'y a pas d'arguments, je le reconnais, ni de rai‑sons capables de les convaincre.

« J'en viens maintenant à vos affaires intérieu‑res, et je vous remercie de m'avoir envoyé si ré‑gulièrement *le Moniteur* pendant la vérification des pouvoirs dans le sein de votre corps législatif. J'ai lu avec soin ces discussions, et je vous dirai franchement ce que j'en pense... Quant à l'élo‑quent discours de M. Jules Simon... je vous avoue‑rai que la réponse de M. Thuillier... En vérité, je ne puis imaginer pourquoi M. Isaac Pereire... Les

plaisanteries de M. Langlais... Je ne saurais dire
si le fait d'avoir interdit aux huissiers de porter les
assignations de M. Baze... On a donc pu lire sur
tous les murs que M. Casimir Périer... Quant à
l'élection de M. Boitelle... En somme, voilà toute
mon opinion, et je n'y ajouterai pas un seul mot,
de peur de vous causer quelque embarras.

« Ah ! monsieur, vous qui êtes curieux des
formes suivies par la justice dans notre pays, ne
pouvez-vous venir, il en est temps encore, voir les
débats du conseil de guerre qui juge le colonel
Crawley, accusé d'avoir montré trop de rigueur
pendant l'emprisonnement d'un sergent-major
dans l'Inde, il y a plus d'un an? Je ne veux point
préjuger le verdict de ce conseil, mais vous verriez,
si vous étiez ici, la plus habile défense, la plus
sage et la plus honorable poursuite et surtout le
juge le plus impartial, le plus digne, le plus réservé que vous puissiez imaginer. Je ne connais
guère de spectacle plus instructif que ce procès
pour qui connaît notre langue et nos mœurs. »

J'arrête ici, monsieur le rédacteur, la lettre de
mon ami Watson, non pas que le reste de cette

lettre ne puisse offrir quelque intérêt, mais parce
que j'ai hâte de reprendre la plume pour parler
de ce qui me tient aujourd'hui le plus à cœur. Je
veux voter (non pas avec un bulletin, hélas!
puisque je n'habite pas la douce campagne de
Sceaux), mais tout haut et de tout cœur pour
M. Eugène Pelletan, dont le sort sera décidé avant
lundi soir. J'avais prévu et annoncé que son élection serait à refaire, et la voir refaite est aujour-
d'hui le plus vif de mes vœux. J'aime en M. Pelletan quelque chose de plus que l'écrivain et le
politique; j'aime l'honnête homme, honnête jusqu'à l'ombrage, errant avec sa plume à demi-
brisée de journal en journal, jaloux de sa liberté,
à l'égard des hommes, esclave volontaire de sa
conscience, libéral de bonne foi, pur de toute
fraude, et riche, par miracle, d'une popularité bien
acquise.

Que les électeurs renvoient donc à la Chambre
cet homme de bien. Combien de gens de cœur
auront en lui leur représentant !

XXIV

Utilité et exemple d'une confession genérale. — Vœux pour la liberté
de la presse sous la loi [1].

20 décembre 1863.

C'est une excellente habitude à donner aux enfants, que de leur enseigner à faire tous les soirs
leur examen de conscience et à passer en revue
toutes les actions qui ont rempli leur journée.
Fait au bout de l'année et portant sur cette longue
série d'actions dont les plus importantes restent
seules gravées dans notre mémoire, cet examen
de conscience a plus d'intérêt encore et peut avoir
pour nous plus de profit. Ce n'est point que je

[1] Voulant donner un exemple de la censure intérieure que la
législation actuelle de la presse oblige les éditeurs de journaux à
exercer sur eux-mêmes, nous avons rétabli, entre des crochets,
dans cette lettre tout ce que nos habitudes de prudence excessive
nous avaient fait effacer sur l'épreuve destinée au journal.

me fasse illusion sur les perpétuelles contradictions de notre nature, ni sur ce double penchant à reconnaître nos fautes et à continuer de les commettre, que tous les moralistes ont signalé en nous depuis l'origine du monde. Il y a bien longtemps que l'amoureuse Médée, près de trahir son père pour fuir avec son amant, se répétait à elle-même, s'il faut en croire Ovide :

> ... *Video meliora, proboque ;*
> *Deteriora sequor.*

Ce vieux refrain de l'humanité n'est pas hors d'usage, et que de fois les actions d'autrui, sans compter les miennes, me le remettent en mémoire ! Quand, par exemple, M. de Persigny (et il n'est pas le seul) se pâmait d'admiration devant les libertés anglaises, et se retournait tout à coup de notre côté pour nous traiter comme vous savez, je ne pouvais m'empêcher de le comparer à la touchante Médée, qui voit le bien et qui l'approuve, et qui fait tout le contraire. Et moi même, monsieur, que de fois, enviant le sort paisible et florissant des poëtes et des romanciers

à la mode, je prends la belle résolution de faire
une pièce comme *Montjoye* ou une charade en
trois tableaux sur le mot *coryphée*, et de devenir
ainsi en peu de temps, non-seulement une des
gloires de la littérature nationale, mais le favori
du genre humain ! Ces jours-là :

... Video meliora proboque...

Mais voilà que, le lendemain, la lecture du
Moniteur ou d'un journal officieux me met hors
de moi, et ma plume, courant toute seule, re-
commence à écrire des choses aussi désagréables
à tout le monde qu'elles me sont inutiles à moi-
même :

... Deteriora sequor.

Je ne puis donc croire beaucoup à l'utilité de
ces examens de conscience et de ces confessions
que je recommande, et pourtant je ne veux point
terminer cette lettre (la dernière de l'année 1863)
sans avoir passé en revue et confessé quelques-
unes de mes erreurs.

La plus fâcheuse de toutes, puisqu'elle consiste en un jugement trop sévère sur le mérite d'autrui, c'est d'avoir toujours cru M. de Boissy incapable de faire le discours que vient de le couvrir d'une juste gloire. Les journaux anglais, dont la grossièreté est proverbiale, ont comparé (selon l'image qu'ils emploient volontiers en pareil cas) la surprise du public à celle de Balaam, lorsqu'il a tout à coup entendu parler sa monture. Mais de ce côté ci de l'eau, on est tout simplement charmé et reconnaissant, et moi tout le premier, des vérités utiles que M. de Boissy a seul osé dire. Tout le monde sait qu'avec lui il faut faire la part du feu, ou, pour mieux dire, qu'il faut lui permettre de jeter au feu, aussitôt qu'il ouvre la bouche, l'Angleterre et tous ses habitants. Cette fois, c'est l'ombre de Saïd-Pacha que M. de Boissy a évoquée contre son éternelle ennemie. M. de Boissy, qui venait sans doute de voir les *Diables roses*, n'a pu s'empêcher de chanter le terrible couplet du jeune homme empoisonné sur cette auguste tombe. Mais, ce devoir solennel une fois accompli, et l'orateur se trouvant soulagé pour quinze jours au moins de cette vieille dette

de haine qu'il y a, je ne sais comment, contractée
à l'égard de l'Angleterre, combien de vérités courageuses, spirituelles et bien dites, ont coulé de
ses lèvres! Oui, l'orateur qui a succédé à M. de
Boissy a eu raison d'appeler admirable ce discours, puisque nul autre n'était capable de le
faire, et que tout le monde n'était pas même capable de l'applaudir. Qui a jamais mieux parlé
des complaisants et des flatteurs? Quel heureux
mot que ce nom de *dynasticides* donné à cette
classe d'amis du premier degré qui ont déjà re-
conduit plus d'une dynastie hors de nos frontières!
Enfin, quelles paroles sensées sur la responsabilité
ministérielle et sur l'urgente nécessité de perfectionner en ce point nos institutions! Je m'accuse donc de grand cœur de n'avoir jamais fait de
M. de Boissy le cas qu'il mérite, d'avoir tenu jusqu'ici trop de compte de ses faiblesses, et d'avoir
trop longtemps méconnu ce qu'il y a en lui de
bon sens, d'esprit et de courage.

Nous nous sommes accusé d'injustice, accusons-
nous maintenant d'imprévoyance. Je n'ai pas
soupçonné un seul instant que le discours d'ou-

verture de notre sessiou législative contiendrait
la proposition d'un Congrès général destiné à
mettre fin aux dissentiments des peuples et à ouvrir une ère nouvelle. [J'ai prévu que mon excellent et courageux ami, M. Nadar, ne réussirait
pas à convertir tout le monde à la théorie de la
conquête de l'air par l'hélice; mais je prévois
aussi, et je l'en loue, qu'il continuera à compter
pour rien les obstacles et que l'incrédulité qui
l'entoure lui inspirera seulement le désir de la
confondre.]

Je n'ai point cru à l'acceptation de la couronne
du Mexique par l'archiduc Maximilien ; et, comme
la question paraît encore douteuse, je m'accuse
d'avance de m'être trompé, s'il accepte autrement qu'à des conditions que le gouvernement
français, malgré sa bonne volonté trop évidente,
sera hors d'état de remplir. J'ai prévu, et je m'en
vante, que le sénat ne dirait pas un mot du
Mexique, et que M. de Boissy lui-même ne réussirait point sur cette question à délier la langue
de ses collègues. J'ai prévu encore, et ce n'était
point difficile, que la suppression du droit d'ou-

vrir, par décret du pouvoir exécutif, des crédits
extraordinaires et supplémentaires, aurait pour
résultat prochain un accroissement merveilleux
de la dette flottante et conduirait à des proposi-
tions d'emprunt qui, portant heureusement sur
des dépenses faites, ne seraient point de nature
à être écartées par la Chambre. Mais je n'ai point
prévu, et je m'en accuse, qu'on demanderait seulement à la Chambre le droit d'emprunter 300 millions, car 300 millions pour ramener la dette
flottante à des proportions plus modestes et 250
millions de bons du Trésor, qu'on pourra émettre
quand on voudra, pour la reporter à ses proportions présentes, ne font en tout que 550 millions,
c'est-à-dire une misère si l'on songe aux diverses
régénérations de peuples que nous avons entreprises et à celles que nous pourrons entreprendre encore, [après que la suprême tentative d'un Congrès universel aura définitivement
échoué.]

J'ai prévu que M. Troplong rédigerait de nouveau l'adresse du sénat. J'ai prévu par conséquent qu'on y verrait l'image, si familière et si

chère à cet homme d'État, du peuple français, inquiet par-dessus toute chose des changements que la constitution de 1852 pourrait subir, et frémissant d'indignation dans ses comices à la seule idée d'un ministère responsable. J'avais bien deviné aussi que M. le maréchal Magnan était un des nombreux et prévoyants hommes d'État de ce temps-ci auxquels le décret du 24 novembre a paru *prématuré* lorsqu'il a éclaté sur nos têtes, et je suis bien aise que l'interruption par laquelle le maréchal est venu déclarer au sénat que tel était son sentiment ait donné raison à mes conjectures. Mais je ne prévois pas, comme beaucoup de gens de ma connaissance, que ce décret sera prochainement retiré ou restreint dans quelque mesure, et si je suis abusé là-dessus par ma confiance habituelle dans la sagesse du pouvoir, je le confesserai avec mes autres péchés l'année prochaine.

Je m'accuse ensuite, mais sans trop en rougir, de n'avoir point prévu que la guerre civile aux États-Unis remplirait toute l'année qui va finir et empiéterait sur l'année qui s'avance ; mais je n'ai cessé d'annoncer (et quel plaisir j'éprouve à ne m'être point trompé!) que si l'Europe restait neutre, le Sud serait vaincu et finirait par défaillir sous l'opiniâtre étreinte de son puissant adversaire. Je continue donc à prédire des déceptions aux ardents ennemis que la liberté américaine compte dans notre vieux monde, et j'entrevois le prochain rétablissement de cette grande démocratie sans maître, que notre programme officiel d'histoire moderne honorait récemment du nom de *redoutable*, et qui le deviendra bien davantage pour tous ceux qu'étonne ou qu'embarrasse un tel exemple.

J'en viens maintenant, monsieur, à ma très-grande faute, qui est de n'avoir point prévu le réveil électoral dont nous sommes témoins, et la fin de plus en plus sensible de l'espèce de langueur dans laquelle le peuple français paraissait plongé. Ce n'est point, vous le savez, que je fusse des derniers à secouer cette langueur et à prédire la fin de ce profond sommeil. Mais je remplissais ce devoir pieux avec plus d'obstination que d'espérance, et je n'ai guère été moins surpris que ne le seraient les prêtres païens qui chantent en ce moment devant quelque idole, si la statue de leur dieu se mettait tout d'un coup à les en remercier et à leur sourire. Sois donc le bienvenu, grand et puissant dormeur, qui commences à peine à remuer un bras et à soulever tes paupières, mais dont les premiers mouvements, si faibles, si incertains et si gauches qu'ils soient encore, suffisent pour nous faire tous tressaillir. Si tu te lèves enfin et si tu marches, puisse la sagesse te guider et la protection du ciel te couvrir! Puisses-tu éviter de rouler, dès ton premier pas, au fond de quelque fossé, comme tu en as trop l'habitude, pour y rester tout étourdi et tout meurtri, étendu sous les rayons ardents du soleil et en proie aux insectes avides!

[De quoi m'accuserai-je encore, monsieur, pour ne rien oublier et pour commencer l'année avec une conscience nette? Je confesserai, si vous le permettez, qu'avant d'avoir vu tout récemment *Électre* sur la scène française, je n'avais point senti, en lisant le drame antique, toute la grandeur de l'œuvre de Sophocle et l'étonnante beauté d'une action si

simple [1]. Quel spectacle que celui de cette Électre
livrée à l'oppression des meurtriers de son père,
esclave dans son propre foyer qu'elle voit envahi
et possédé par le crime ! Elle annonce sans cesse
le retour d'Oreste ; ce libérateur, ce vengeur doit
venir, elle le prédit, elle l'affirme, elle le jure ;
mais elle-même, tout en parlant de ce retour,
elle a presque cessé d'y croire. Pendant qu'elle
attend et se consume en invoquant les dieux, on
l'insulte, on la frappe, on veut la réduire, on veut
la corrompre, on l'abreuve de lâches conseils.
Voilà Chrysothémis à la double langue qui vient
lui dire à l'oreille : « Je pense comme vous, je fais
les mêmes vœux que vous ; mais je feins de me
soumettre et j'en suis récompensée par leur bienveillance. Pourquoi ne pas m'imiter ? » Comme
Électre la repousse ! Comme elle fuit ce contact !
Comme elle ramène fièrement sur elle les plis de
son manteau de deuil ! Elle mourra avant d'ab-
jurer sa haine et de renoncer à son bon droit.
Tout à coup, je ne sais quel pressentiment se fait

[1] M. Léon Halévy venait de faire représenter avec succès à
l'Odéon l'*Électre*, de Sophocle, traduit en vers français.

jour, on sent pour ainsi dire l'ombre des événements qui s'avancent. Oreste vit, quoique vous l'ayez cru mort, et il approche. Quelques signes mystérieux le révèlent; qui a versé des libations? qui a déposé des cheveux sur le tombeau d'Agamemnon? D'où vient ce menaçant hommage? Il annonce le châtiment et il vient de celui qui l'apporte. Te voilà donc, Oreste; on te parle à toi-même de ta sépulture et tu réponds : Aux vivants faut-il donc 'une tombe! Laisse là l'urne qui était censée contenir ta cendre, et tire l'épée! Ton glaive brille. O stupeur des meurtriers naguère si confiants et si superbes! O spectacle délicieux et terrible, as-tu jamais ému le peuple d'Athènes aussi fortement que tu m'as fait battre le cœur!]

Il ne me reste plus, monsieur le rédacteur, qu'à vous souhaiter une bonne année, c'est-à-dire une année d'existence assurée, sinon paisible, pendant laquelle vous serez, comme par le passé, sincère envers tout le monde, dévoué aux grands intérêts publics, attaché par-dessus toute chose à l'honneur et à la sûreté du pays. Faire des vœux pour vous, monsieur, c'est faire des vœux pour la liberté de la presse, puisque vous êtes résolu à parler toujours avec une pleine indépendance et à ne jamais chercher d'autre garantie que celle des lois. Puissiez-vous, pendant l'année qui s'avance, vous et tous vos confrères, mettre enfin le pied sur cette terre bénie de la liberté légale, qui est pour vous la terre promise, et y trouver, après tant d'épreuves, le repos et la sécurité! Je le souhaite pour le pays plus encore que pour vous-même, car l'absence d'une presse vraiment libre se fait parfois sentir comme un fléau public, et vous pouvez plus aisément vous passer d'écrire, que le pays ne peut se passer de savoir la vérité[1].

[1] Cette lettre, amendée comme on vient de le voir, n'en a pas moins été l'occasion d'un arrêté du ministre suspendant pour deux mois le journal qui l'avait insérée.

XXV

Sur la liberté de la presse.

12 janvier 1864.

Dans le beau discours que la France est aujour-
d'hui occupée à lire, et par lequel M. Thiers a
rompu avec tant d'éclat un si long silence, il a
été incidemment question de la liberté de la presse.
L'illustre orateur ne pouvait manquer d'énumérer
cette liberté parmi les garanties les plus indispensables à la bonne conduite des affaires publiques et
à la sécurité des citoyens. Mais la question n'est
pas épuisée, et plusieurs amendements qui réclament la modification de la législation actuelle de
la presse vont être soumis au jugement de l'Assemblée. Avant que cette discussion spéciale des

**

lois sur la presse ait commencé au sein du corps législatif, je voudrais rappeler très-brièvement au public les principales raisons qui doivent l'empêcher de rester indifférent devant un débat d'une si haute importance.

Nous entendrons sans doute répéter, selon l'usage, au corps législatif, que l'opposition demande la liberté absolue de la presse, tandis que l'opposition demande simplement aujourd'hui à voir la presse affranchie de l'omnipotence administrative et replacée sous le régime de la loi, quelque sévère que cette loi puisse être. Nous entendrons dire encore que la presse jouit d'une liberté raisonnable, et qu'il y aurait des inconvénients à en reculer les bornes. Nous ne nous lasserons pas non plus de répéter que cette assertion est inexacte, que le mot de *liberté* ne saurait à aucun degré convenir à la situation actuelle de la presse française, et que M. de Persigny a parlé selon la plus rigoureuse vérité le jour où il a déclaré que la presse était soumise à un pouvoir arbitraire. La presse française n'est point libre, par la simple raison qu'elle dépend étroitement de l'Administration, qu'elle ne peut exister ni durer sans l'aveu du pouvoir exécutif, qu'elle peut être frappée des peines les plus sévères sans débats préalables, sans défense possible, par un juge unique dont l'arrêt, motivé comme il l'entend, n'est susceptible d'aucun appel. L'exercice de ce pouvoir arbitraire, peut être plus ou moins modéré selon le temps et selon les personnes, mais il est naturellement soumis à des variations plus nombreuses et plus difficiles à prévoir que celles de la température ; le ministre de l'intérieur est pour la presse une sorte de loi vivante : on ne peut exiger d'une loi vivante la constance et la fixité d'une loi écrite. Mille circonstances particulières et impossibles à déterminer peuvent donc influer sur l'état des journaux, sur leur vie de tous les jours, et mettre inopinément leur existence en péril. Telle question, telle personne peuvent paraître tout à coup désagréables à l'autorité administrative qui régit souverainement la presse. Il n'est pas sans exemple qu'une question devienne inabordable en raison de son importance même et de son urgent intérêt, ou que le nom de tel écrivain devienne un danger et paraisse à lui seul un grief, indépendamment de ce qu'il signe. Ces conséquences de l'état légal de la presse sont inévitables et ne dépendent même point de la volonté des hommes. L'instabilité des jugements est inséparable du pouvoir arbitraire.

Il y aurait fort à dire de cet état des choses au point de vue du droit et de la justice. Nous pourrions faire remarquer que le principe de la propriété n'est point suffisamment respecté par un état légal qui permet à un ministre de suspendre par arrêté la publication d'un journal et qui met l'existence même de ce journal à la merci d'un décret du pouvoir exécutif. Nous pourrions ajouter encore que la confusion flagrante du pouvoir judiciaire et du pouvoir exécutif, qui est le fond de la législation actuelle sur la presse, est directement contraire aux principes de 1789, inscrits en tête de la constitution. Nous pourrions soutenir enfin que ces mêmes principes qui garantissent à tout Français le droit d'exprimer et de publier sa pensée en se conformant aux lois, ne sont guère conciliables avec une législation qui livre à l'entière discrétion du pouvoir exécutif l'usage d'un droit si précieux et la désignation des citoyens qui peuvent l'exercer. Mais nous préférons laisser à nos représentants dans le corps législatif le soin de développer ces divers arguments dont la vétusté ne diminue pas la valeur, et nous voulons nous borner à rappeler au public, trop enclin à l'oublier, que nous défendons ses intérêts plus encore que les nôtres, lorsque nous nous efforçons de l'émouvoir en faveur de la liberté de la presse.

Le public dans son ensemble est trop porté à perdre de vue le puissant intérêt qui devrait l'attacher à la liberté de la presse. Il se figure volontiers que c'est l'affaire des journalistes et non la sienne. Une profession, un corps qui plaide sa cause contre les impiétements du pouvoir, excite en général dans notre pays fort peu de sollicitude ; quant aux raisons tirées de notre droit public ou de la justice naturelle, elles ne sont entendues et goûtées que par un très-petit nombre d'esprits. Il en serait tout autrement, et la presse ne manquerait pas de défenseurs si le public pouvait enfin se convaincre que l'absence d'une presse libre

peut devenir un péril pour l'ordre et pour la sécurité générale. Ce n'est point, il est vrai, un de
ces dangers tout d'abord évidents qui frappent
les imaginations les plus engourdies et réveillent
les cœurs les plus timides; c'est un péril continuel et toujours croissant, mais qui peut échapper longtemps à la vue et rester longtemps in-
sensible; l'expérience seule en montre du même
coup, mais trop tard, la réalité et l'étendue.
Lorsqu'un pouvoir que la presse n'a pu contenir, et dont elle a dû parfois, dans l'intérêt
pressant de sa sûreté, couvrir ou ménager les
erreurs, a rencontré enfin, dans sa politique intérieure ou étrangère, un de ces écueils qui ne
laissent plus rien à faire à l'habileté ni au courage,
tout le monde s'écrie que la presse a manqué
à ses devoirs, qu'elle a entretenu le pays dans
une fausse sécurité, et qu'elle est responsable,
pour sa part, des malheurs publics. Les hommes
qui tiennent alors ce langage sont le plus souvent
ceux-là mêmes qui, la veille encore, ne trouvaient
pour la presse aucun lien assez étroit, aucun joug
assez lourd. Ils ont tout fait pour bannir de la

presse la vérité que la sécurité sous la loi peut seule produire; ils l'ont mise sans restriction d'aucune sorte dans la main même du pouvoir que son rôle est de contrôler et auquel elle doit tôt ou tard déplaire; puis ils s'étonnent ou s'indignent de n'avoir trouvé dans une presse ainsi enchaînée ni courage, ni sincérité, ni prévoyance. Vit-on jamais contradiction plus injuste ou ignorance plus étrange de la nature humaine? Si les immeubles pouvaient être confisqués par décret, quelle vertu civique pourrait-on attendre des propriétaires? Pourquoi demander aux possesseurs de journaux un héroïsme qu'on ne songerait à exiger d'aucune classe de citoyens?

Pour moi, je remplis encore une fois mon devoir en appelant sur la situation légale de la presse française et sur ses conséquences inévitables l'attention de la Chambre et celle du public. Qu'on le sache bien, l'intérêt du pays est plus profondément engagé dans cette affaire que l'intérêt des journaux, qui, après tout, peuvent prendre leur parti de la durée indéfinie de cet état de choses et assurer leur existence en se pliant

avec vigilance à la nécessité. Mais ce ne sera
point sans dommage pour l'étude et pour la défense des grands intérêts publics.

FIN.

INDEX

DES NOMS PROPRES CITÉS DANS CET OUVRAGE

FIN DE L'INDEX

TABLE DES CHAPITRES

FIN DE LA TABLE DES CHAPITRES.